虚拟物流联盟研究

薛晓芳　著

对外经济贸易大学出版社
中国·北京

图书在版编目（CIP）数据

虚拟物流联盟研究／薛晓芳著．—北京：对外经济贸易大学出版社，2012

ISBN 978-7-5663-0508-4

Ⅰ．①虚…　Ⅱ．①薛…　Ⅲ．①物资企业－企业管理－研究　Ⅳ．①F253

中国版本图书馆 CIP 数据核字（2012）第 252823 号

虚拟物流联盟研究

薛晓芳　著

责任编辑：李晨光

对 外 经 济 贸 易 大 学 出 版 社

北京市朝阳区惠新东街 10 号　　邮政编码：100029

邮购电话：010－64492338　　发行部电话：010－64492342

网址：http://www.uibep.com　　E-mail：uibep@126.com

唐山市润丰印务有限公司印装　　新华书店北京发行所发行

成品尺寸：170mm×230mm　　11.25 印张　　208 千字

2012 年 10 月北京第 1 版　　2012 年 10 月第 1 次印刷

ISBN 978-7-5663-0508-4

印数：0 001－1 000 册　　定价：30.00 元

前　言

经济一体化趋势和专业化的精细分工使得传统的物流市场正在发生着深刻的变革。客户需求的多样化和个性化对物流企业的综合服务能力提出了更高的要求。为了快速响应市场机遇，一种新型的现代物流业组织模式——虚拟物流联盟的概念由此产生。

作为未来物流企业的重要组织模式，对虚拟物流联盟的研究已经引起了各国政府、学术界和企业界的广泛关注。但目前的多数研究主要是基于静态视角，而没有从虚拟物流联盟的全生命周期对结构模式、伙伴选择和组织优化等问题进行探讨。基于全生命视角研究虚拟物流联盟的组织与运行方式，不仅是对传统物流管理研究的一种新突破，而且必将为物流业的调整和规划发挥重要作用。

目前，有关虚拟物流联盟的研究主要是建立在交易成本理论和资源基础理论的基础之上，甚少有文献运用组织生态学和组织遗传学理论对虚拟物流联盟进行研究。组织生态学是一门新兴交叉学科，目前的研究呈现出的一个主要发展方向就是研究新型组织的生态学问题，如网络组织生态学和虚拟组织生态学等。而有关组织遗传学说的各种理论、方法和技术在虚拟企业领域已经得到一定程度的应用。本书尝试运用组织生态学理论和组织遗传学理论对虚拟物流联盟进行研究，其目的在于为虚拟物流联盟的研究提供新的视角和新的思维。

本书较全面地覆盖了虚拟物流联盟全生命周期所涉及的基本理论和技术。其中，第 1 章为虚拟物流联盟概述；第 2 章为虚拟物流联盟的基础理论；第 3、4、5 章为虚拟物流联盟的创建研究；第 6、7 章为虚拟物流联盟运行研究；第 8 章为虚拟物流联盟绩效的评价研究。

本书在编写过程中，参考和引用了国内外大量的著作和文献，在此对这些作者表示衷心的感谢。本书的编写和出版得到了对外经济贸易大学出版社的大力支持，在此一并表示感谢。

作者力图使本书正确反映虚拟物流联盟的最新理论和成果，但由于学识水平和经验的限制，书中不妥之处，敬请业内专家学者以及广大读者给予批评指正。

我们真诚地希望藉此书的出版能够为中国物流人才的培养和物流行业的发展做出微薄的贡献。

薛晓芳

2012 年夏

目　录

第1章

虚拟物流联盟概述

经济一体化趋势和专业化的精细分工使得传统的物流市场正在发生着深刻的变革。客户需求的多样化和个性化对物流企业的综合服务能力提出了更高的要求。为了快速响应市场机遇，一种新型的现代物流业组织模式——虚拟物流联盟的概念由此产生。

作为未来物流企业的重要组织模式，对虚拟物流联盟的研究已经引起了各国政府、学术界和企业界的广泛关注。研究虚拟物流联盟的组织与运作方式，不仅是对传统物流管理研究的一种新突破，而且必将为物流业的调整和规划发挥重要作用。

本章在对虚拟物流联盟产生背景的分析基础上，分别介绍了其概念、分类、性质、特征和生命周期一系列有关虚拟物流联盟的基础知识。

1.1 虚拟物流联盟的产生背景

作为新兴的现代生产性服务业，物流业在全球经济一体化的背景下兴起，并伴随着物流实践的发展，正逐步从个体物流阶段向合作物流阶段过渡。与此同时，物流业正在成为全球经济新的利润增长点。为了获得更多的竞争优势，越来越多的物流企业开始运用网络信息技术形成了虚拟物流联盟，以期在更大程度上实现物流资源共享的同时，达到比独立从事物流活动更好的效果。

1.1.1 现代物流业的产生

物流是物质实体从供应者向需求者的物流移动，它由一系列创造时间价值和空间价值的经济活动组成，包括运输、仓储、配送、包装、装卸、流通加工及物流信息处理等多项基本活动。物流的现实形态虽早已客观存在，但直到1901年，格鲁威尔在美国政府报告《农产品流通产业委员会报告》中才第一次提出了

“物流”的概念，从而拉开了人类对物流活动认识的序幕。物流的出现是社会化分工和生产流通发展的结果，是随着流通中的商流和物流的分离而逐渐从商业领域中分离出来的。

到20世纪90年代以后，物流业有了飞速的发展，传统物流逐渐被现代物流所取代；与此同时物流理论也逐渐趋于完善、成熟。现代物流是泛指原材料、产成品从起始点至终点及相关信息有效流动的全过程。物流业发展到现代物流阶段，企业之间的竞争已经由降低成本、提高质量和扩大销售转向了服务之间的竞争。为了提高综合服务能力，越来越多的物流企业开始进行供应链的整合。在这种形势下，1998年美国物流管理委员会重新修订了物流的定义，并将物流定义为供应链管理的一部分。

1.1.2 现代物流业的发展现状

现代物流业是融合了运输、仓储、商贸和信息等产业的复合型服务产业，具有涉及领域广、吸纳就业人数多、促进生产和拉动消费作用大等特点。因此，物流业被普遍认为是国民经济的动脉，其发展程度已成为衡量一个国家现代化程度和综合实力的重要标志。现代物流业对国民经济相关产业发展的联动性极强，能够很好地服务和支撑其他产业的调整与发展。现代物流业不仅是一般产业发展及转型升级所必需的配套产业，其自身也逐步成为区域经济发展中新的利润增长点，对促进产业结构调整、转变经济发展方式和增强竞争力发挥着重要作用。

因此，在近年来各国的物流业普遍实现了快速发展。“十一五”时期，在经济发展的推动下，我国物流业保持了较快增长。2010年，社会物流总额和物流业增加值，分别达到了125万亿元和2.7万亿元，与“十五”末期的2005年相比，双双实现了总量翻番，年均增长21%和16.7%；社会物流总费用与GDP的比率约为18%左右，比2005年降低0.3个百分点，相当于新增社会经济效益1 000多亿元；我国物流业增加值占GDP的比重可达7%左右，占第三产业增加值的比重约为16%左右，有力地支持了国民经济发展和发展方式的转变。

尽管近年来我国物流业发展较快，但仍处于起步阶段，整体发展水平较低。物流成本居高不下已经成为严重阻碍我国物流企业参与国际竞争的一个重要因素。另外，我国的第三方物流的发展现状相对滞后，在物流市场中所占的比例仅为10%，且大型专业化的第三方物流企业并不多见。我国第三方物流市场规模在600亿元~700亿元，不仅规模小，而且高度分散，在1万至1.5万家的第三方物流企业中，没有一家企业能占到2%以上的市场份额，大多数物流公司只是局限在供应链功能的某一环节，无法满足客户一体化的物流服务需求。

1.1.3 现代物流业的发展瓶颈

如今，现代物流业正处于从“第三方物流”（Third Party Logistics，简称 3PL）向第四方物流（Fourth Party Logistics，简称 4PL）转型的发展时期。面对新的竞争环境，无论 3PL，还是 4PL 都存在着诸多发展瓶颈。

1. 3PL

作为新兴的产业，现代物流最初以 3PL 的形式出现。所谓 3PL，是指商流中的物流环节，不再由商品生产或流通企业完成，而是以委托合同的方式交由专业的物流服务企业完成。3PL 的出现是业务外包理论发展的结果。随着业务外包模式在制造业中的广泛运用，越来越多的生产或流通企业开始将物流业务外包给第三方物流企业，自己则专注于核心领域。3PL 使企业能够在一定程度上摆脱传统物流的束缚，因而从一出现就受到了广泛欢迎。但是，我国的 3PL 发展历程较短，企业规模以中小型为主，且市场分散，资金、技术有限，这些第三方物流企业往往集中于专业化的物流运作，无法满足物流服务全球化和综合化的要求。由于第三方物流企业在综合方案、集成技术以及战略发展和全球扩展能力等方面的缺陷，使客户不得不求助于咨询公司、集成技术服务商等来完成评估、设计、制定及运作全面的供应链集成方案（赵梦华，2010）[1]。

在供应链竞争的时代，3PL 固有的缺陷逐步显露出来，其最大不足就是难以对整条供应链实现集成优化（赵梦华，2010）[1]。在这种情况下，企业不得不重新审视自身的发展战略。随着供应链理论的进一步发展，以供应链集成商的角色，4PL 开始出现。

2. 4PL

1999 年美国埃森哲咨询公司的 Babe 和 Mueller 首先提出了 4PL 的概念，他们认为：4PL 是指一个供应链集成商对公司内部和具有互补性的服务供应商所拥有的不同资源、能力和技术进行整合和管理，以提供一整套供应链解决方案（Bade & Mueller，1999）[2]。作为供应链核心成员的第四方物流服务商，依靠第三方物流供应商、技术供应商、管理咨询顾问和其他增值服务商，在对物流信息共享的基础上，充分利用社会物流资源，为客户提供独特而综合的供应链解决方案。

与 3PL 提供低成本的专业化服务相比，4PL 是通过对物流过程的集成来实现快速、高质、低成本的物流服务。为此，有业内人士把第四方物流供应商形象地称作“主导物流服务商”。4PL 的发展最大限度地整合了社会资源，减少了货物流通时间，提高了物流效率，减少了环境污染，符合了社会物流系统经济、高效运行的要求。

但是4PL在国际上遭到了众多的质疑，尤其被第三方物流业者所排斥。他们认为物流服务本身就是要为客户降低成本，而4PL的出现增加了物流环节，提高了客户成本。4PL只是为了抢占3PL的市场。对于客户而言，与4PL的合作是一种短期行为。换句话说，4PL是没有前途的。而在我国，4PL的概念引入不过短短几年时间，许多人认为只限于理论的创新和突破，没有实践上的运作意义（赵梦华，2010）[1]。

1.1.4 虚拟物流联盟的产生

物流业作为一种新兴的产业，在许多领域已经显示出了强劲的发展势头和巨大的潜力，并得到了广泛的关注。然而，我国的物流企业，绝大多数是由传统的运输或仓储等企业转型而来，网络化的经营组织还没有形成，能提供综合性物流服务的企业并不多。3PL在我国并不发达，而4PL仍然只是“纸上谈兵”。因此，运用先进的管理理念和信息技术促进物流系统改造，开展物流企业间的全方位协同合作，让中小型企业能够方便、快捷地进行物流信息配置和管理，提高客户服务能力，提升物流网络的持续竞争力成为了物流领域研究的重要课题（张量，2009）[3]。

正是在这样的背景下，虚拟物流联盟作为物流领域的一种创新管理模式孕育而生。具体而言：

（1）从企业层面来看，虚拟物流联盟的产生为物流服务创新系统的构建提供了可能。通过技术创新、知识创新、组织创新、管理创新、制度创新和服务创新等多种创新类型的整合作用可以有效提高物流企业的服务质量和服务效率；改善和变革现有的物流服务流程和服务产品；扩大物流服务范围，更新物流服务内容，为客户创造新的市场价值，最终形成企业竞争优势。

（2）从产业内部来看，虚拟物流联盟的产生为物流服务供应链的构建提供了可能。通过物流信息、物流技术和物流过程的集成有效地促进了“服务流”在物流服务供应链上的传递，从而实现了物流业的融合。因此，可以通过采购、运输、仓储、装卸、搬运、包装、流通加工、配送、物流信息等多个物流企业之间的融合来提高物流业的服务创新能力。

（3）从产业外部来看，虚拟物流联盟的产生为产品服务系统的构建提供了可能。基于产品服务理念，物流产业与其他产业之间有效地实现了产业联动。因此，可以通过物流业与商贸业、制造业的联动作用来全面提升物流业整体的协同创新能力。

总之，从宏观角度来看，虚拟物流联盟的产生是经济全球化和经济一体化发展的必然结果，电子商务和网络信息技术的出现为虚拟物流联盟的产生提供了理论基础和技术支持；从经济学角度来看，虚拟物流联盟的产生和发展源于“合作双赢”的内在经济性。各个物流企业结成虚拟的物流联盟，能够协同运作，实现优势互补和资源的合理利用，节省交易成本和产生比单个企业更大的利润，这是虚拟物流联盟产生的原动力（张韬等，2004[4]；施琳琳，2007[5]）。

1.2 虚拟物流联盟的概念

目前，国内外对虚拟物流联盟（Virtual Logistics Enterprise Alliances，VLEA）还没有一个明确的定义。虚拟物流联盟是在物流联盟的基础上，基于任务而构建的虚拟物流企业。虚拟物流联盟的虚拟特性体现在虚拟物流企业的虚拟性和物流联盟网络组织的无界性两方面（戴勇，2002）[6]。因此对于“虚拟物流联盟”的内涵，可以从“虚拟企业”、“虚拟物流”以及“物流联盟”三个方面得到阐释。另外，在虚拟物流联盟概念界定的过程中，应该注意区别“虚拟物流联盟”与“虚拟物流企业”。

1.2.1 虚拟企业

虚拟企业（Virtual Enterprise，VE）的概念最早是由美国里海大学的普瑞斯等人于1991年在《21世纪制造企业研究：一个工业主导的观点》中提出的。此后，有关虚拟企业的研究引起了学术界和企业界的广泛兴趣。研究者们给出的典型的虚拟企业的定义如下：

（1）虚拟企业是多个独立企业组成的临时性网络，包括供应商、客户甚至竞争对手，它们通过信息技术的连接实现技术、成本以及市场的共享（Byrne，1993）[7]。

（2）虚拟企业是由一组具有核心能力的合作型“节点”组成，这些节点为了响应某个特定的市场机遇形成了一个供应链（Walton & Whicker，1996）[8]。

（3）虚拟企业是无固定工作地点，使用电子通信方式进行成员间联系的企业（Spekman et al.，1998）[9]。

（4）虚拟企业是由相互独立的厂商、顾客甚至同行的竞争对手，通过信息技术联成的临时网络组织，以实现技术共享、费用分摊或进入对方市场的目的。它既没有中央办公室，也没有正式的组织图，更不像传统企业那样具有多层次的组织结构（Talluri，1999）[10]。

（5）虚拟组织是为了迎合明确的或预期的市场机遇而产生的由各种企业形成的组织，其中人员和工作过程都来自于这些企业单位，他们彼此紧密联系、相互影响，为共同的利益而努力（Gulati，1999）[11]。

从以上的定义可以看出，虚拟企业的基本特征包括：核心能力互补、组织结构分散、边界模糊、依赖信息技术和组织的临时性等。通过对虚拟企业特征的分析，可以为进一步界定虚拟物流联盟的本质内涵提供依据。

1.2.2 虚拟物流

较早开始对虚拟物流（Virtual Logistics，VL）进行研究的是 Miles 和 Gregory，他们认为：虚拟物流本质上是“即时制”在全球范围内的应用，是小批量、多频度物资配送过程。它能够使企业在世界任何地方以最低的成本跨国生产产品以及获得所需物资，赢得市场竞争速度和优势（Miles & Gregory，1994）[12]。但他们并没有明确地对虚拟物流作出界定。虚拟物流的概念最初是由美国的 Stuart 等人于 1996 年在阿肯色州大学物流协会报告中提出的。在该报告中，他们指出：利用日益完善的网络通信技术及手段，将分布于全球的企业仓库虚拟整合为一个大型的物流支持系统，可以完成快速、精确、稳定的物资保障任务，满足物流市场的多频度、小批量订货的需求（姜大立等，2002）[13]。此后，GB/T 18354—2001 物流术语将“虚拟物流”定义为：以计算机网络技术进行物流运作与管理，实现企业间物流资源共享和优化配置的物流模式[14]。

虚拟物流概念的提出是现代物流发展的最新成果。虚拟物流的概念可以应用于许多方面，如制造企业与物流企业之间的虚拟物流联盟及中小型物流企业构筑的虚拟物流合作模式等。

1.2.3 物流联盟

物流联盟是物流企业合作的一种重要组织模式。GB/T 18354—2006 物流术语将物流联盟定义为：两个或两个以上的经济组织为实现特定的物流目标而采取的长期联合与合作[15]。其他一些国内的研究对于物流联盟的典型定义如下：

（1）物流联盟是为了达到比单独从事物流活动更好的效果，企业间形成的相互信任、共担风险、共享收益的物流伙伴关系。企业之间不完全采取导致自身利益最大化的行为，也不完全采取导致共同利益最大化的行为，只是在物流方面通过契约形成优势互补、要素双向或多向流动的中间组织（田宇，朱道立，2000）[16]。

（2）物流联盟是指物流企业之间通过各种超出正常的市场关系而又没有达到合并程度的长期契约或协议而结成的优势互补、风险共担的松散型组织（胡蔚波，2005）[17]。

（3）物流联盟有狭义与广义之分，狭义的物流联盟存在于非物流企业之间；广义的物流联盟主要是指第三方物流。广义的物流联盟，即物流企业之间的联盟，是指由若干具备专业特色与互补特征的物流组织，通过契约关系结成的长期联合与合作（李辉，2008）[18]。

以上对物流联盟特征的分析，为我们辨析虚拟物流联盟与虚拟物流企业提供了依据。

1.2.4 虚拟物流企业

目前，国内有关虚拟物流企业的典型定义如下：

（1）虚拟物流企业的实质是供应链信息集成平台，它是以获取物流领域的规模化效益为纽带，以先进的信息技术为基础，以共享供应链信息为目的而构建的物流企业动态联盟（董敬欣等，2001）[19]。

（2）虚拟物流企业是指利用计算机技术、网络技术、通信技术、以外界物流资源为依托进行物流代理业务的企业，其本身没有仓储、运输、包装等物流配送过程各个环节所需要的各种硬件设施，只有发达的信息收集、加工、处理、监控网络系统，通过信息网可与供应商、专业化实体物流企业建立广泛联系（何世明，孙建军，2001）[20]。

（3）虚拟物流企业是由功能合理分配的、信息和运作一体化的、利益共享的、对社会物流需求而言又是整合众多原先物流各环节承担者所组成的物流共同体，具有高效的信息管理系统、功能合理分配和利益共享三个基本特征（戴勇，2003）[21]。

（4）虚拟物流企业是两个或两个以上的物流企业为了快速响应已出现的或根据预测即将出现的某一物流市场机遇，通过一定的协议，在相互信任、共担风险、同享收益的基础上，以计算机网络通信技术为平台，致力于完成一项或一个时期内单个物流企业难以胜任或难以高效完成的物流服务项目而成立的一种无边界的临时经营组织模式（汪贻生等，2005）[22]。

（5）虚拟物流企业是具有不同资源与优势的企业为快速响应市场机遇和共同开拓市场，以获取物流领域的规模化效益为纽带，由一系列企业通过外包契约建立在信息网络基础之上的动态企业联盟，目的是实现资源共享、加快物资周转，提供低成本、高质量的物流服务（李松，王五祥，2006）[23]。

（6）虚拟物流企业是指由虚拟物流企业盟主及若干个核心能力互补的、相互独立的物流企业构成，对市场机遇作出快速响应，并依靠计算机网络技术进行物流运作与管理的组织（盛立新，2009）[24]。

1.2.5 虚拟物流联盟

1. 虚拟物流联盟的概念

目前，国内研究者对虚拟物流联盟的概念主要从以下几个角度进行了界定：

（1）虚拟物流企业联盟是基于任务导向性的虚拟企业和基于资源依赖性的物流企业网络组织的有机结合（戴勇，2002）[6]。

（2）虚拟物流联盟是以计算机网络和信息技术为基础，将处于不同地点的不同物流企业联系起来，构成虚拟的网络组织，以完成运输、仓储、配送、流通加工等业务流程，指导现实物流的运作，以实现物流技术系统化、一体化、自动化的过程（刘莹，2010）[25]。

（3）虚拟物流联盟是指由自身具有强大核心竞争力的物流企业发起，组织具有不同优势和资源的若干物流企业，利用计算机网络共享技术和信息，整合各企业资源，优化配送路线，快速响应市场需求，提高各物流企业成员竞争力，实现效应最大化的一条特殊的价值链（李辉，2008）[18]。

这些现有的研究，基本上都是从组建方式、目的及组织特征为出发点的，没有对虚拟物流联盟的组织运作过程进行更加深入、系统的分析，因而很难将虚拟物流联盟与虚拟物流企业加以严格区分。

2. 虚拟物流联盟与虚拟物流企业的区别

事实上，虚拟物流联盟是比虚拟物流企业更高级的形态，与虚拟物流企业相比，虚拟物流联盟具有更多的市场竞争优势，如：

（1）虚拟物流联盟的成员相对固定。虚拟物流联盟虽然是基于特定市场机遇而构建的临时性的组织，但组织成员是从物流联盟中挑选出来的。物流联盟的成员是通过长期合作形成的，具有相对的稳定性。而虚拟物流企业的成员是基于特定任务临时选择的。

（2）虚拟物流联盟的成员具有共同的战略目标。虚拟物流联盟中的成员来自物流联盟，物流联盟是为了实现共同的战略目标，通过组织间的资源流动，在企业间形成的相对持久的合作组织安排。因而在虚拟物流联盟组织模式下，更容易实现知识的创新。通过知识的获取、共享和集成机制，虚拟物流联盟可以更有效地为物流客户提供综合化的创新服务。而在虚拟物流企业内部，由于组织成员是临时选择的，因此个体目标与联盟目标往往都是不一致的。

（3）虚拟物流联盟具有较低的交易成本。虚拟物流联盟的成员在长期的合作过程中，不仅彼此更易于沟通，因而发生冲突的可能性降低；而且为寻找合适的交易者以及交易标的物而发生的沟通成本也会下降。另外，彼此为了消除歧见，交易者之间进行的协商、谈判成本减少；花费在监督对方履约，降低交易风险方面的履约成本也会有所降低。而虚拟物流企业内部成员之间的交易会花费更多的时间和成本。

（4）虚拟物流联盟具有一定的联盟文化。虚拟物流联盟的成员在长期的合作过程中，会形成一些称之为联盟文化的约定成俗的习惯，在国外的研究中称之为“惯例”，这种“惯例”作为组织的遗传基因会不断的传承、发展。而虚拟物流企业成员之间是一种简单的契约关系。

3. 基于组织生态学视角的虚拟物流联盟

为了将虚拟物流联盟与虚拟物流企业的概念加以严格区别，我们将基于组织生态学视角，给出虚拟物流联盟的定义：虚拟物流联盟是指为能迅速实现资源的有效集成，基于特定任务而形成的，并依靠联盟文化来实现物流企业间的协同创新的虚拟物流生态关系。该定义包含以下几个方面的内涵：

（1）虚拟物流联盟是基于任务导向性的虚拟企业和基于资源依赖性的物流联盟的有机结合。

（2）为了通过企业间的物流资源共享和优化配置达到降低物流费用的目的，首先由资源互补性的物流合作伙伴构成的网络结构形成物流联盟的基础。

（3）当特定的市场机遇出现时，部分相对固定的联盟成员组织起来，以计算机网络技术为基础，在通过信息共享进行物流运作与管理的过程中，把在物流联盟运行过程中逐步形成的组织文化带到虚拟物流企业中，并进行文化的传承与扩散。

（4）一旦所完成的物流任务结束，虚拟物流企业成员带着创新文化重新回到物流联盟中去。

1.3 虚拟物流联盟的分类

虚拟物流联盟的组织结构比较复杂，且呈动态特性，可以根据物流市场机遇的需求灵活地进行组织与运作。因而，我们可以从不同的角度对其有多种分类方法。

1. 按资源组合方式划分

虚拟物流联盟的最大优势就在于其突破了地理局限，可以进行跨区域的信息与资源共享。按照资源组合方式的不同，虚拟物流联盟可以分为以下两种类型：

（1）资源相似型

这类虚拟物流联盟是指在生产经营活动中，内部成员拥有相似的资源或提供类似的服务。将资源相似的物流企业组织起来，形成虚拟物流联盟，使市场竞争对手转化成为双赢合作关系，并利用相似的资源实现企业的协同创新。因为资源集中于网络组织所创造的价值将大于资源分散在各个企业创造的价值，因此，可以通过资源的合理利用实现规模经济。

（2）资源互补型

在市场竞争中，一些具备不同核心能力的企业聚合在一起，通过合作从对方获取自身所需要的资源，这种组合可以很好地形成互补效应。互补的资源组合有利于合作企业的优势互补。需要指出的是互补的资源组合并不等于资源的多样化，即合作企业提供的各不相同的资源必须是可以相互兼容的。另外，有时合作企业提供的资源具有相似性，比如技术，但重要技术的性质并不相同，仍然可以视为是互补型的资源组合。

总之，相似和互补的资源组合方式都会对虚拟物流联盟产生积极的作用，因为这两种资源组合方式能够产生资源的联合优势，有效降低物流企业间的冲突，从而产生正面的效应。

2. 按组建模式划分

虚拟物流联盟成员企业之间的组建模式一般可以分为三种类型：

（1）星型模式

星型模式一般由一个占主导地位的企业和一些相对固定的合作伙伴组成，占主导地位的企业负责制定虚拟物流联盟的运行规则，并负责协调各个成员企业之间的关系，负责在伙伴之间出现冲突时做出合理仲裁。

（2）平行模式

平行模式中所有的成员企业在平等的基础上相互合作，参与者在保持自身独立的同时，为虚拟物流联盟贡献出自己的核心能力。这一模式比较适合基于某一特定市场机遇的物流服务产品的联合开发以及出于长远考虑的物流企业之间的战略合作。

（3）联邦模式

联邦模式是在平行模式的基础上，建立一个共同的协调机构，对虚拟物流联盟的资源和技术进行统一管理和计划，从而实现成员企业之间资源的优化配置。这一模式组织结构灵活，有利于不同伙伴之间的指挥和协调，是一种比较理想的虚拟物流联盟组织模式。

3. 按虚拟内容划分

按虚拟内容的不同，虚拟物流联盟可以划分为两种基本类型：

(1) 机构虚拟型

这类虚拟物流联盟没有有形的实体机构，而是通过信息网络和契约关系把分布于不同区域的资源有效联结起来。

(2) 功能（资源）虚拟型

这类虚拟物流联盟在运作时对外提供完整的服务功能，但在单个成员企业内部却没有完整执行整体服务功能的能力。各成员企业仅保留了自身的核心能力或关键功能，而将其他功能进行了精简，并借助于外部物流企业实现所需要的功能。

1.4 虚拟物流联盟的性质与特征

1.4.1 虚拟物流联盟的性质

虚拟物流联盟实质是一条由各个企业贡献自己核心能力而组成的价值链，以获取物流领域的规模化效益为纽带，以先进的信息技术为基础，以共享供应链信息为目的而构建的物流企业动态联盟（王宏伟，2008）[26]。

1. 虚拟价值链

1998 年 Rayport 和 Sviokla 提出了虚拟价值链的概念。他们认为：企业可以利用信息在可视化管理、市场响应能力和新型顾客关系的建立三个阶段来增加价值。在传统价值链模型中信息是价值创造过程中的一种支持要素，本身并不是一种具有价值的资源。如物流企业会利用库存、生产和后勤信息来监督企业活动，但很少将这类信息整合发布给其他客户[27]。

信息在虚拟物流企业的构成过程中发挥了十分重要的作用，对于信息的不同使用形成了有形价值链和虚拟价值链的不同划分。其中，有形价值链是由一系列线性的预定的投入产出活动构成；而虚拟价值链是非线性的，能广泛获得并多渠道分配潜在的投入产出资源。企业通过信息的聚合、组织、选择、合成与发布等处理手段寻找价值增值点（王宏伟，2008）[26]。如物流企业经常使用的运输动态跟踪技术就是利用货物运输中信息的聚合、合成，实现对运输过程的实时监控，创造价值，为客户提供满意的服务。

虚拟物流联盟的基础是各联盟成员的价值链的比较优势，即每个企业在识别并运用核心竞争力基础上的价值链联合。这种价值链的联合通过信息在物流企业之间的选择、组织和聚合，将时空上分散的物流企业的核心竞争力组合成价值链的核心环节，再通过信息的合成与发布将价值链的各环节组合成一条价值链，这是一条以信息为媒体的价值链。通畅的信息，准确实时的传递保证了虚拟价值链的有效运行，构成了虚拟物流联盟的竞争基础。

2. 动态联盟

由虚拟物流联盟的构成可知，虚拟物流联盟是基于任务和发展战略的企业联盟，一旦联盟所完成的物流任务结束，虚拟物流联盟就会解散。虚拟物流联盟中的成员企业并不固定，而是随着物流业务的变化，灵活的变化，表现为一种动态的联盟。

1.4.2 虚拟物流联盟的特征

虚拟价值链和动态联盟的性质决定了虚拟物流联盟具有形式虚拟化、组织协同化、知识密集化和功能集成化等特点（令狐克睿，2010）[28]。

1. 形式虚拟化

虚拟物流联盟实现的是虚拟化运作，一般不存在对联盟成员内部的影响。在通过非产权性质的虚拟合作来整合和管理其他服务供应商的资源、技术和能力的过程中，信息以数据的形式通过网络进行传输。通过信息流动来沟通合作伙伴之间的业务联系，能够在一定程度上超越产业壁垒。

2. 组织协同化

虚拟物流联盟是基于信任和契约基础上的委托代理关系。通过创造一种协同的环境，联盟成员能够贡献出自己的核心竞争力，并统一由盟主来实现协同、整合和管理。在这个过程中，盟主同时承担协调各盟员之间利益以及与客户利益的任务。

3. 知识密集化

虚拟物流联盟是由高度知识密集型的企业构成的。虚拟物流联盟存在和发展的基础是信息的生产和共享，通过信息共享实现跨职能管理。其核心活动是系统性的知识处理。

4. 功能集成化

通过整合、管理和集成资源、技术和能力，充分利用第三方物流供应商、技术供应商、管理咨询顾问和其他增值服务商，再加上客户和4PL自身的优势，虚拟物流联盟能够提供一整套全方位的供应链解决方案来满足客户的复杂需求。

1.5 虚拟物流联盟的生命周期

虚拟物流联盟与传统的物流企业相比有很大的差别，其运作过程具有鲜明的周期特性。虚拟物流联盟的生命周期是指从市场机遇的发现、识别到虚拟物流联盟的创建、运作和进化，直至随市场机遇消失而解体所经过的全部历程。虚拟物流联盟从机遇的出现到组织的解体完全遵循生命周期的规律。在全生命周期的各个阶段具有不同的物流任务。将各阶段有机整合在一起，就组成了全过程的虚拟物流联盟生命周期。参照虚拟企业的生命周期 IFOT 模型（詹晓勇，朱汉民，2004）[29]，并结合物流业务的特点，我们将虚拟物流联盟的生命周期划分为机遇识别、组织创建、动态运作和解体四个阶段（虚拟物流联盟的生命周期模型如图 1－1 所示）。

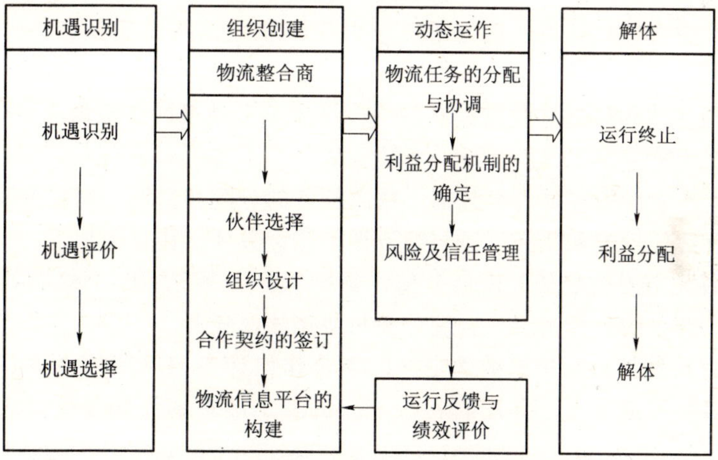

图 1－1　虚拟物流联盟的生命周期模型

资料来源：詹晓勇，朱汉民（2004）[29]

1. 机遇识别阶段

机遇识别阶段的主要内容包括：识别、评价物流市场机遇，选择高价值的机遇作为目标市场机遇。在这个阶段，首先由客户利用公用物流信息平台发布物流需求信息和招标说明书，物流企业在接收到物流需求信息后，进行差距分析与目标确定，对自身核心资源进行描述，最终确定是否组建虚拟物流联盟和以何种方式响应机遇。一旦机会被确认可行，则进入下一阶段。

2. 组织创建阶段

组织创建阶段的主要内容包括：识别合作伙伴的核心能力并选择合适的合作伙伴、进行组织设计、签订合作契约、构建物流网络信息平台等。与 3PL 的物流提供商和 4PL 的物流服务商不同，虚拟物流联盟的创建阶段一般是由物流整合商来实现。物流企业整合商在确认了物流市场机遇之后，组建阶段的主要任务是构建虚拟物流联盟的组织结构框架，并进行合作伙伴的选择。具体过程如下：

（1）进行虚拟物流联盟模型的设计，根据任务的性质确定完成的时间、路径，并根据自身资源的评估来确定任务分配。

（2）在任务分配后开始寻找具备所需资源的潜在伙伴，然后对候选伙伴进行可行性评估。评估过程由物流联盟中的成员企业对每个物流环节进行报价竞争。

（3）在选定合作伙伴之后，根据伙伴的能力、任务的实现过程，对虚拟物流联盟模型进行调整，并对伙伴企业提出过程整合的要求。

（4）经过合同的磋商，确定最优虚拟物流联盟结构方案及合作伙伴选定和参与方式。

（5）构建组织模式和物流信息网络，形成基于项目的虚拟物流联盟。

3. 动态运作阶段

动态运作阶段的主要内容包括：物流任务的分配与协调、利益分配机制的确定、风险及信任管理和运行反馈与绩效评价等。具体工作任务如下：

（1）首先要对物流任务进行分解，根据目标分解结果，并结合物流资源在物流联盟成员中的分布情况，合理分配与协调物流任务。

（2）进行利益分配机制的确定。由于合作伙伴参与联盟的根本目的就是追求利益，因此制定公平、合理的利益分配机制是虚拟物流联盟得以成功运作的关键。

（3）在合理分配物流任务的基础上，根据市场反馈信息和实际物流作业情况，及时控制风险和协调各合作伙伴在任务实现过程中可能发生的冲突。

（4）为了防止相互欺骗和机会主义行为的产生，除了利用合同对伙伴企业的行为进行法律约束之外，还必须依靠伙伴企业间的相互信任进行道德约束。

此外，为了更好地实现物流目标，在动态运作期的运作和进化两个阶段都必须根据物流业务的特点进行绩效控制。进入运作阶段，为了保证客户物流需求的高速成长，联盟表现出因物流业务的扩张而带来的不稳定性。因此，在这个阶段联盟的失败率很高。由于业务的大量增长，导致物流业务的批次增多，项目的复杂化程度增加。在这个阶段为了控制绩效，降低成本，各成员企业需要相互协调各自的职能，保证物流信息在虚拟物流联盟中的准确传递。进入进化阶段后，客户的物流需求趋于稳步增长，虚拟物流联盟也表现出高速增长后的稳定发展，这时物流企业之间能够高效地进行与包装、装卸、仓储、运输、流通加工等物流服务相关的决策、运作与协调优化。各合作伙伴之间科学分工、协调一致，根据绩效评价与运行反馈结果，运用协调机制对创建阶段的组织和运行模式进行适当调整。

4. 解体阶段

当物流市场机遇基本实现之时，也就是虚拟物流联盟解体的时候。虚拟物流联盟解体阶段的主要内容有：物流项目终止识别、清算处理及利益分配等。当出现下列情况时，物流联盟宣告解体。

（1）虚拟物流联盟完成了客户所需要的物流服务，达到了预期目标，在进行资产清算和利益分配后解体。

（2）主要参与方提出终止虚拟物流联盟运行时，根据有关合同条款的规定，进行利益分配后解体。

（3）虚拟物流联盟的运行遇到困难，无法完成既定目标而解体。

（4）当物流市场机会消失，客户的物流需求量大幅下降，物流联盟中的成员单位各自减少投入，直至虚拟物流联盟正式解体。

总之，作为一个动态组织，虚拟物流联盟具有很强的周期性。虚拟物流联盟的组建以市场机遇为驱动，当合适的机遇出现时，虚拟物流联盟开始组建、形成并运作；当市场机遇消失时，虚拟物流联盟便告解体。虚拟物流联盟的每一次成功运作都是企业经验的积累过程，可以为新一轮的合作创造有利条件。因为解体并不是虚拟物流联盟的终结，而是意味着新一轮合作的开始。成员企业每完成一次合作，都应该从运行的效果和成败中学习，进行经验总结，并寻求新的市场机遇。

本章小节

虚拟物流联盟的产生是经济全球化和经济一体化发展的必然结果，电子商务和网络信息技术的出现为虚拟物流联盟的产生提供了理论基础和技术支持。虚拟物流联盟的产生和发展的原动力来源于“合作双赢”的内在经济性。虚拟物流联盟的产生为物流服务创新系统、物流服务供应链和产品服务系统的构建提供了可能，为物流企业的整合创新、物流业的融合创新以及物流业与其他产业的联动创新创造了条件。

作为物流领域的一种创新管理模式，大量的研究者对虚拟物流联盟展开了广泛的研究。我们基于组织生态学视角给出了虚拟物流联盟的定义：虚拟物流联盟是指为能迅速实现资源的有效集成，基于特定任务而形成的，并依靠联盟文化来实现物流企业间的协同创新的虚拟物流生态关系。

虚拟物流联盟按资源组合方式划分为资源相似型和资源互补型；按组建模式划分为星型模式、平行模式和联邦模式；按虚拟内容划分为机构虚拟型和功能虚拟型。

虚拟物流联盟实质是一条由各个企业贡献自己核心能力而组成的价值链。以获取物流领域的规模化效益为纽带，以先进的信息技术为基础，以共享供应链信息为目的而构建的物流企业动态联盟。虚拟价值链和动态联盟的性质决定了虚拟物流联盟具有形式虚拟化、组织协同化、知识密集化和功能集成化等特点。

虚拟物流联盟的组织运作过程具有鲜明的周期特性，虚拟物流联盟的生命周期是指从市场机遇的发现、识别到虚拟物流联盟的创建、运作和进化，直至随市场机遇消失而解体所经过的全部历程。虚拟物流联盟的生命周期可以划分为机遇识别、组织创建、动态运作和解体四个阶段。

参考文献

[1] 赵梦华．第四方物流企业组建与运作研究——基于虚拟企业的视角 [D]．西安：西安理工大学，2010.

[2] Bade D, Mueller J. New for the Millennium: 4PL [J]. Transportation and Distribution, 1999, 40 (2): 78 - 80.

[3] 张量．基于语义 Web 服务的虚拟物流企业组建关键技术研究 [D]．大连：大连海事大学，2009.

[4] 张韬，李学伟，晏曦．在我国构建虚拟物流企业分析 [J]．交通科技与经济，2004 (3): 62 - 64.

[5] 施琳琳．构建虚拟物流联盟——我国中小物流企业制胜之道 [J]．中国高新技术企业，2007 (14): 61.

[6] 戴勇．虚拟物流企业联盟的构建与管理 [D]．上海：上海海运学院，2002.

[7] Byrne J A. The Virtual Corporation [J]. Business Week, 1993, 8 (2): 98 - 103.

[8] Walton J, Whicker L. Virtual Enterprise: Myth & Reality [J]. Journal of Control, 1996, 27 (3): 22 - 25.

[9] Spekman R, Forbes T, Isabella L. Alliances Management: A View from the Past

and a Look to the Future [J]. Journal of Management Studies, 1998, 35 (6): 747 - 772.

[10] Talluri S, Baker R C, Sarikis J. A Framework for Designing Efficient Value Chain Networks [J]. Production Economics, 1999, 62: 133 - 144.

[11] Gulati R. Network Location and Learning: The Influence of Network Resource and Firm Capabilities on Alliance Formation [J]. Strategic Management Journal, 1999, 20 (5): 397 - 420.

[12] Miles, Gregory L. Virtual Logistics [J]. International Business, 1994, 11 (9): 36 - 40.

[13] 姜大立，王丰，赵新光．军事虚拟物流系统发展研究 [J]．后勤工程学院学报，2002 (10)：17 - 20.

[14] 国家技术监督局．中华人民共和国国家标准·物流术语 (GB/T 18354—2001) [S]．北京：中国标准出版社，2001.

[15] 国家技术监督局．中华人民共和国国家标准·物流术语 (GB/T 18354—2006) [S]．北京：中国标准出版社，2006.

[16] 田宇，朱道立．物流联盟形成机理研究 [J]．物流技术，2000 (2)：34 - 36.

[17] 胡蔚波．制造企业物流联盟模式研究 [D]．武汉：武汉大学，2005.

[18] 李辉．虚拟物流企业联盟合作伙伴选择 [D]．长沙：中南大学，2008.

[19] 董敬欣，罗霞，李冬俊．虚拟物流企业构建理论研究 [J]．计算机辅助设计与制造，2001 (9)：30 - 33.

[20] 何世明，孙建军．我国电子商务物流配送模式初探 [J]．科学管理研究，2001 (6)：44 - 47.

[21] 戴勇．虚拟物流企业联盟的组建与结构探讨 [J]．交通运输系统工程与信息，2003 (1)：89 - 94.

[22] 汪贻生，王丰，姜大立，等．论虚拟物流研究及其发展 [J]．重庆大学学报：自然科学版，2005 (2)：141 - 145.

[23] 李松，王五祥．基于交易费用理论的虚拟物流企业形成机理研究 [J]．物流科技，2006，29 (133)：92 - 94.

[24] 盛立新．虚拟物流企业伙伴选择研究 [D]．安徽：国防科学技术大学，2009.

[25] 刘莹．虚拟物流联盟风险控制研究 [D]．秦皇岛：燕山大学，2010.

[26] 王宏伟．虚拟物流联盟稳定性及其提升策略研究 [D]．西安：西安理工大

学，2008.

[27] Rayport J E, Sviokla J J. Towards Survivability of Communication Intensive New organization Forms [J]. Journal of Management Studies, 1998, 35 (4): 417 -420.

[28] 令狐克睿. 基于虚拟联盟下的4PL发展战略与形势分析 [J]. 2010 (1): 169 -171.

[29] 詹晓勇，朱汉民. 虚拟物流企业的组建与运行分析 [J]. 武汉理工大学学报：社会科学版，2004，17 (6): 703 -706.

第2章

虚拟物流联盟的基础理论

任何一种组织形态的产生都与特定的生产和服务活动的变迁息息相关。虚拟物流联盟作为一种典型的虚拟物流组织，它的形成和发展是虚拟物流理论和实践发展的结果。本章首先在对虚拟物流理论的国内外研究现状评述的基础上，指出了目前研究的不足，以此作为虚拟物流联盟理论研究的创新点和突破点；其次，对虚拟物流联盟的理论研究基础——交易成本理论、资源基础理论、组织生态学和组织遗传学分别进行了阐述，从而为后续研究的展开提供理论依据。

2.1 虚拟物流理论的研究现状

虚拟物流理论的研究历史不过短短的10多年时间，相关理论的研究内容包括对虚拟物流的研究和对虚拟物流组织的研究两个部分。

2.1.1 虚拟物流的研究现状

有关虚拟物流的研究文献最早出现在1993年，Fuller等人在《Tailored Logistics: The next advantage》一文中肯定了物流作为企业重要控制因素的必然性，并重点强调了企业在不同物流渠道之间进行资源共享的必要性[1]。此后，许多国家和地区陆续展开了对虚拟物流相关项目的研究，其中，比较重要的研究计划包括：美国国家工业信息基础结构协议（NIIIP）项目[2]，美国能源部TEAM计划[3]、美国国防部国防高级研究计划局资助的AIMS项目和欧洲的CIMOSA项目[4]等。

除了这些卓有成效的研究计划，还有大量的学术文献也对虚拟物流的研究作出了贡献。汪贻生等（2005）指出，目前对虚拟物流的研究主要是从虚拟物流基础支撑条件、虚拟物流运行过程、虚拟物流供应链和虚拟物流应用等角度出发，研究内容主要涉及虚拟采购、虚拟库存、虚拟配送、物流网站建设、核心能力识别、伙伴选择、组织构建与运作模式、物流管理技术和方法、物流法律法规、物流标准化、物流信息技术等领域[5]。我们通过对相关文献的归纳、总结，现将有关虚拟物流的研究成果概述如下。

1. 虚拟物流的理论研究

Bowman（1996）指出，传统物流必将被虚拟物流所取代，虚拟物流将实现对传统物流渠道的流程整合[6]。该研究虽关注了传统物流向虚拟物流转变的必然性，但没有对物流渠道的整合给出解释。

Clarke（1998）指出，虚拟物流是利用信息和网络技术实现过剩物流资源的远程交易和共享[7]。该研究让我们开始对虚拟物流支撑条件的相关问题进行思考。

2001 年，由北京工商大学、中国物资流通协会和物流技术经济委员会牵头，北方交通大学、华中科技大学以及一些企业参加制定的《中华人民共和国国家标准·物流术语》出台，从而使得虚拟物流的定义得到了清晰的界定[8]。此后，对虚拟物流的研究不断展开，目前对虚拟物流的研究主要集中在虚拟物流的组织构建、组织运营和资源管理三个方面。

（1）虚拟物流的组织构建

目前，有关虚拟物流组织构建方面的研究成果主要体现在伙伴选择和信息平台的构建两个方面。

① 伙伴选择

目前关于虚拟物流伙伴优化选择的研究主要采用数学规划方法、数据包络分析法、层次分析法，ABC 分析方法、遗传算法等几类方法。这些优化选择方法均属于静态评价方法，不能对影响伙伴选择的动态变化过程作出客观评价；而且仅从资源角度对伙伴选择过程进行优化，评价角度难免过于单一。如 Roodhooft 和 Konings（1996）提出基于活动的成本分析方法（Activity-based Costing Approach）用于分析企业因采购活动而产生的直接和间接成本[9]。该方法虽然考虑了由供应商各项性能指标在企业生产经营过程中引起的附加成本，有效减少了多目标决策中加权因子选择的随意性，为伙伴的选择提供了比较合理的依据，但其主要缺陷在于忽视了成本以外的其他一些重要因素，如交货时间与可靠性等。

② 信息平台的构建

随着先进的物流信息技术和信息管理技术的不断出现，从技术角度对虚拟物流信息网络平台的构建和实现方面的研究越来越多。这些研究成果主要集中在物流信息系统、虚拟物流网络和虚拟物流信息平台几个方面。

Hardenburg 和 Curtis（2000）研究了信息融合、物流集成以及快速反应等方面的物流控制与信息支持[10]；Cizman（2001）研究了如何利用计算机技术支持物流管理问题，并构建了支持物流活动的高效集成的物流信息系统[11]；丁健等（2005）利用 JZEE 平台构建了综合物流管理信息系统来整合物流信息资源[12]。

Sundar 等（2002）基于物流服务的业务过程分析，提出了一个影响现有过程、系统和组织作用的“快速响应的虚拟物流集成网络”[13]；Vicky 等（2005）建立了一个集成的虚拟物流网络[14]，该模型功能离散，简单且不全面。

姜大立等（2003）认为虚拟物流信息平台是实现虚拟物流的基础，并且他们还给出了虚拟物流信息平台的网络结构、系统功能结构以及构建虚拟物流信息平台的关键技术[15]；童刚（2003）对物流综合信息平台逻辑模型中的数据交换接口标准进行了讨论[16]；张丹羽和王千（2005）应用多层 B/S 构架及 JZEE 原则和技术方法构建了物流协同信息平台[17]；杨扬和陈幼林（2006）在对物流公共信息平台的需求分析和功能设计的基础上，分析了可能采用的三种物流公共信息平台多系统互连模式[18]。

（2）虚拟物流的组织运营

目前，有关虚拟物流组织运营方面的研究成果主要体现在协调机制、运行过程、风险管理等方面。

① 协调机制

Varun 和 Malhotra（2003）运用交易成本理论剖析了供应链成员的协同合作关系，并建立了电子行业的物流交易成本模型[19]。

Romano（2003）强调了供应链物流流程协同一体化的重要性，并对运用协同一体化机制实现物流流程控制的问题做了重点研究，得出了网络整体和成员企业的动作协调策略[20]。

Chen（2004）在电子商务基础上，给出了一种适合台湾物流行业伙伴协作的模型[21]。

② 运行过程

侯发欣等（2004）提出了一种基于 Petri 网的物流网络优化方法来提高虚拟供应链中的物流运作效率。该方法在对虚拟供应链物流的组成，确定库所、变迁及其属性分析的基础上，建立了物流网络的 Petri 网模型图和数学规划模型；并以虚拟供应链中的运输问题和仓储问题为重点分析了物流过程，确定了重要参数的取值，最后采用数学规划模型计算出了各物流指标的最优值[22]。

③ 风险管理

现有研究认为，虚拟物流风险管理分为规划层和实施层两个层面，且重点集中在实施层的库存控制、配送管理、运输规划等方面（Min et al.，1998[23]；Appleguist et al.，2000[24]；Giaglis & Minis，2004[25]）。对此，Killmer 和 Hollister（2002）进一步指出，物流运作中的配送环节是很复杂的，面临的不确定性因素较多，是虚拟物流企业风险管理的重点，其风险因素包括货物数量和质量、不同顾客需求的定位、运输路线的规划等[26]。

也有学者提出虚拟物流风险因素包括五个方面，分别是物理因素、财务因素、信息因素、变革因素以及其他一些相关因素（Tsai & Su，2002[27]；Cavinato，2004[28]）；还有学者认为高效率的路线规划系统能有效实施虚拟物流风险管理，可以利用实时的路线规划工具来减少虚拟物流管理中的风险（Coppendal，1995[29]；Miller & Lessard，2001[30]）。

（3）虚拟物流的资源管理

虚拟物流资源管理是物流资源优化组织的基础，包括物流资源的分类定义、表达、组织与发布、资源发现等。

张志勇和匡兴华（2005）基于军事物流资源信息的层次模型，利用面向对象的技术构建了军事物流资源信息的特征模型，并对模型中各类派生对象进行了阐述[31]。但该研究并未对具体的对象属性和属性值要求做进一步的研究。

龙运军等（2007）提出了虚拟物流资源网格的概念，并认为虚拟物流企业资源共享必须通过资源的调配来实现，资源调配在虚拟物流资源网格体系中起着核心作用；同时他们还给出了基于网格的虚拟物流企业资源调配模式[32]。

曾宇容等（2007）在对政府部门、物流企业和工商企业对物流信息的需求分析的基础上，指出了物流公共信息平台不仅要能够实现物流共享信息的组织与发布，而且还要能够支持企业物流核心业务的实现[33]。但该研究并没有对具体的实现方法做深入研究。

2. 虚拟仓库的研究

Stuart 等（1995）指出，虚拟仓库是企业合作的最初形式，通信网络技术的发展将分布在全球的仓库虚拟整合为一个物流系统[34]。

其后，Stuart 等（1995）在阿肯色州大学物流协会报告中进一步指出，利用日益完善的通信网络技术及手段，将分布于全球的企业仓库虚拟整合为一个大型物流支持系统，可以完成快速、精确、稳定的物资保障任务，满足物流市场的多频度、小批量订货需求[34]。

Lander 等（2000）比较了虚拟仓库与传统仓库的不同，并通过实例说明了虚拟仓库将有效减少物流成本和服务时间[35]。

陈杨等（2006）应用博弈论对虚拟仓库的三种组织形式（星型或有盟主的

组织结构、平行或民主联盟组织结构以及联邦结构）进行了比较分析[36]。

樊荣等在他们的研究中不仅提出了军事油料虚拟仓库的组织形式，而且还讨论了虚拟仓库的构建方法以及运营管理，并在此基础上探讨了虚拟仓库的信息平台构建（樊荣，周庆忠，2005[37]；樊荣等，2006[38]）。

3. 虚拟配送的研究

Crowley（1998）指出，虚拟配送必将在某些方面代替传统配送，并与传统配送达到某种状态的平衡，通信网络技术的发展能够不断改变这种平衡状态[39]。

4. 虚拟生产的研究

Shukla等（1996）认为，虚拟生产是地理位置分布不同的生产设备为完成一种产品而进行的生产活动，其关键活动是生产物流过程的规划[40]。

王数国（1999）指出，虚拟制造将对制造业产生革命性的影响，并对工作空间再分配及任务进行细分[41]。

王江和杨家本（2000）构建了实现生产与物流系统的仿真动态评估的通用生产装置分析调度平台[42]。

Felix等（2002）认为虚拟生产的关键问题在于规划和分析物流流程，并应用计算机仿真实现了对实际生产物流流程的模拟[43]。

2.1.2 虚拟物流组织的研究现状

1. 国外有关虚拟物流组织的研究

国外对虚拟物流组织的研究分为两大分支：一类研究主要集中于虚拟组织中的物流管理系统，另一类研究聚焦于物流企业的联盟组织形式（Franke & Jockel，2000）[44]。

（1）物流管理系统

Semich（1994）指出，信息将在一定程度上取代虚拟企业的物流，虚拟企业内部动态物流系统或网络也将取代固定不变的物流链[45]。该研究是较早涉及虚拟组织的物流管理内容的文献，它指出了虚拟物流组织的动态变动特性。

Schuh等（1996）指出，物流是虚拟企业管理的最大挑战，虚拟企业中的物流管理应具备完善的组织体系，虚拟企业应注重信息系统的建设[46]。该研究明确指出了物流管理在虚拟企业中的重要作用。

Schönsleben（2002）指出，虚拟物流组织作为虚拟企业的重要组成部分，能够沟通客户和合作伙伴，虚拟物流组织的伙伴策略将直接影响虚拟企业的成败[47]。

Clarke（1998）[48]和 Wilding 和 Humphries（2006）[49]提出了虚拟物流企业的概念，并对虚拟物流企业进行了探讨，他们认为虚拟物流企业的实质是供应链的信息集成平台，它是以获取物流领域的规模化效益为纽带，以先进的信息技术为基础，以共享供应链的信息为目的而构建的物流企业动态联盟。

（2）物流企业的联盟组织形式

Tate（1996）[50]和 Tibben-Lembke 和 Rogers（2006）[51]指出，若想建立成功的物流企业联盟，合作各方一定要懂得对方的需求，一定要互有兼容性，并互相信任，具备开放的交流机制，能够共同面对义务和分享利益。

Chang 等（2003）指出，由于中小物流企业无法使自身物流设施遍布世界，特别是很难处理跨境物流，因此中小物流企业应该通过虚拟物流组织实现无缝结合；此外，他们还阐述了由中小物流企业构成的虚拟物流组织的网络结构、交互方式等问题[52]。

Leung（2004）对虚拟物流企业联盟的组建进行了探讨，提出了虚拟物流企业联盟组建的四阶段模式及其运作过程的混合型组织体系结构[53]。

Wang（2004）提出了虚拟物流组织建立过程的三阶段结构化模型，并在该模型中提出了定性与按核心能力定量分析相结合的初选方法，设计改进了利用模糊层次分析法确定权重向量的数学模型，给出了综合评估虚拟物流组织整体运行绩效理论模型[54]。但该研究存在着实际应用方面的问题。

Hussain 等（2004）分析了诚信机制在虚拟物流组织交互中的重要性，并对虚拟物流组织两个节点之间的诚信进行了分类[55]。

Talevski 等（2005）指出，扩展物流企业是虚拟物流组织的最高形式，它将成为中小物流企业应对市场竞争的重要手段；同时，他们还提出信息基础是多物流组织协同的关键，并设计了支持网络交互的集成信息系统框架[56]。

2. 国内有关虚拟物流组织的研究

目前，国内对虚拟物流组织的研究主要分为以下几个方面。

（1）虚拟物流中心

刘伟（2002）分析了虚拟物流中心的内涵，给出了虚拟物流中心的运作模式框架[57]。

李芳等（2004）指出，虚拟物流中心实质就是供应链信息集成平台，它以获取物流领域的规模化效益为纽带，以先进的信息技术为集成，以共享供应链信息为目的而构建的物流企业动态联盟[58]；其后，李芳（2004）对虚拟物流中心的组织结构设计、技术平台以及信息技术结构进行了分析[59]。

陈铭和刘仲英（2005a）指出，虚拟物流中心能够通过虚拟化的物流管理服务，使企业便捷地实现在实体环境中难以实现的外部流程，使网络成为一种重要的业务传送载体[60]；此后，他们进一步阐述了虚拟物流中心虚拟化、柔性化、协同化的作用（陈铭，刘仲英，2005b[61]；陈铭，2005[62]）。

（2）虚拟物流组织

虚拟物流组织作为一种崭新的物流组织形式，对虚拟物流以及物流企业的管理都具有重要作用。但就目前的研究现状来看，尚处于起步阶段，主要的研究集中在组织构建、伙伴选择、协调机制和风险管理等方面。

① 组织构建

汪贻生等（2004a）给出了虚拟物流组织的契约网络体系，并对契约的主要内容进行了详细分析[63]。

汪贻生（2004）采用IDEFO建模方法，将虚拟物流组织构建过程分为目标确定、初步构建、组织结构与运行模式确定和运行反馈与组织解体四个阶段；并采用模型化设计方法进行了虚拟物流组织的总体结构模式设计；另外，还在此基础上，分析了虚拟物流组织运行的基础平台，阐述了虚拟物流组织的基础构成[64]。

张炎亮和申红雪（2008）结合物流治理结构和联盟方式，总结出虚拟物流组织的结构模式，并将有物流整合者参与的虚拟物流组织联盟组织结构分为直线型、折线型和三角型三类[65]。

② 伙伴选择

汪贻生等（2004b）构建了基于模糊层次分析法的伙伴选择优化模型[66]。

③ 协调机制

汪贻生等（2005）指出，影响虚拟物流组织协调的关键要素包括一致的奋斗目标、规范的管理制度、畅通的沟通渠道、合理公平的利益分配和风险分担；虚拟物流组织中的协调领域主要包括三个层次：组织结构层次、任务分配和目标分解层次、运行和活动层次；协调的手段包括采用层次型组织结构、采用准时制与供应链管理等方法、采用各种标准、规章和程序、采用目标管理方法的协调机制、由协调机构进行协调、定期举行“面对面”协商会议、借助虚拟物流组织的信息网络平台进行协调管理的方法；另外，他们还建立了一种协调模型[67]。

彭良涛等（2007）基于虚拟物流组织冲突的概念，从理念、制度和技术三个层面分析了虚拟物流组织冲突产生的原因及其特点；并在此基础上提出了虚拟物流组织冲突集成化消解体系结构模型[68]。

④ 风险管理

郑翠娟等（2005）将虚拟物流组织风险划分为市场风险、管理风险、技术风险、道德风险以及战略风险5种风险，并采用了模糊评价的方法对各种风险因素及其权重进行独立评价，构建了各种风险因素的评价矩阵和权重矩阵[69]。

柴大胜等（2006）运用风险管理理论设计了适用于虚拟物流组织的风险评估流程，并详细阐述了WBS-RBS风险识别方法和AHP方法在虚拟物流组织的风险评估中的应用[70]。

彭良涛和姜大立（2006）认为，虚拟物流组织风险估计具有复杂性、模糊性，难以完全定量化，应采用多级模糊综合评价法来估计其风险的大小[71]。

（3）物流联盟

王小丽等（2000）从技术和管理角度对我国物流企业构建动态联盟的相关问题进行了分析，并指出信息管理、供应链协调、成员合作是发展动态联盟需解决的关键问题[72]。

韩臻聪（2003）论述了我国发展物流联盟的意义，探讨了发展模式及实施成功的保障因素[73]。

罗高峰（2005）从物流范围规模经济和物流运作规模经济两方面，分析了我国物流企业组建战略联盟时的可选模式，联盟发展过程中可能导致的负效应及合理的联盟运行机制[74]。

彭本红等（2006）认为，第三方物流联盟的网络协同模式是一种新的组织形态。在该研究中他们分析了第三方物流联盟的动因及其联盟优势，解释了其网络协同现象，建立了一个概念模型；并从网络协同模式的四个战略层次提出了网络协同的体系结构[75]。

贺竹馨等（2006）结合供销储运公司组建物流联盟的实际问题，建立了以ANP理论为基础的盟员选择模型，并利用超级决策软件进行了求解[76]。

孙晓东等（2006）基于物元分析方法研究了物流联盟成员的选择问题[77]。

余福茂和朱开明（2007）借鉴系统科学中的突变思想，研究了突变模型在物流合作伙伴选择中的应用，并建立了相应的评价方法体系[78]。

（4）虚拟物流企业

虚拟物流企业是介于企业与市场之间的组织形态，是当今产业组织发展的重要特征。全面系统地研究虚拟物流企业形成、发展规律是加强虚拟物流企业管理，大力发展虚拟物流企业的重要基础。目前，对于虚拟物流企业的研究主要集中在组织构建、组织运营、信息平台的构建、伙伴选择、收益分配和资源管理等方面。

① 组织构建

董敬欣等（2001）提出了构建虚拟物流企业的技术框架，并对虚拟企业构建的成本效益进行了分析[79]。

张韬等（2003）在对国内物流服务现状分析时，提出了基于服务构建虚拟物流企业；并指出构建的关键问题是收益与伙伴选择[80]。

詹晓勇和朱汉民（2004）探讨了虚拟物流企业的组建过程，提出了虚拟物流企业的生命周期 IFOT 模型与虚拟物流企业的组织模式[81]。

总之，在对虚拟物流企业组织构建问题进行研究的过程中，大量的研究者聚焦于虚拟物流企业的构建过程。关于虚拟物流企业的构建过程，目前具有代表性的研究成果是虚拟物流企业构建过程的四阶段流程。如赵娟（2004）提出的虚拟物流企业构建过程包括的四个步骤是物流需求分析、虚拟物流整合商的出现、虚拟物流企业伙伴的选择与确定和虚拟物流企业组织实施[82]。

另外，也有学者提出了虚拟物流企业构建的五个步骤。如杨鹏和王成钢（2005）将 BPR 理论应用于虚拟物流企业建立的动因与构建过程分析，并提出了包括发现与定义市场机遇及差距分析、业务流程分析、流程管理机构设计、模拟仿真和绩效评估五个阶段的组建流程模型[83]；刘兴和马明（2006）从物流企业的特征出发，分析了虚拟物流企业组建的基本要素及其相互关系，并认为构建虚拟物流企业应考虑机遇、核心能力、成员选择、业务流程的重构、组织运行模式、信息共享和风险评估与防范七个基本因素；构建过程包括确立企业目标，虚拟企业成员的选择，备选候选物流企业的设计、评估与确定，合作关系的确立，信息的不断反馈与改进五个步骤[84]。

② 组织运营

董敬欣等（2001）分别从政府部门、物流企业和虚拟物流企业角度讨论了虚拟物流企业的运作模式[79]。

沈立新等（2005）将知识网络理论应用于虚拟物流企业的研究，提出动力机制、利益机制、保障机制是虚拟物流企业高效率、高效益运作的运行机制[85]；并基于 Agent 技术构建了一个虚拟物流企业的运行管理框架模型[86]。

杨鹏和王成钢（2005）运用业务流程融合的思想，提出流程融合机制与流程融合模型[87]。

刘兴和马明（2006）探讨了虚拟物流企业运营中可能存在的问题，并构建了业务运营流程模型，他们认为虚拟物流企业的运营步骤包括：接受客户服务请求，简单评估自身当前能力并确定是否接受任务，制订完成任务的物流作业计划，监督执行物流计划和任务完成后的总结五个环节[84]。

彭娟（2008）基于核心竞争力的整合提出了虚拟企业的业务流程重构模式：以向客户提供物流服务所需的各种活动为主线，将传统的直线职能制改组为与虚拟物流企业发展相吻合的流程化的扁平式结构[88]。

③ 信息平台的构建

董敬欣等（2001）将虚拟物流信息平台分解为电子采购子系统、库存管理子系统、运输管理子系统、电子销售子系统、客户关系管理子系统和公共信息管理子系统[79]。

张真继和周世东（2006）研究了虚拟物流企业信息平台的结构和功能构建问题，提出了组建虚拟物流部门提供商模式的信息平台设计方案；并指出了虚拟物流企业信息平台主要包括基本的作业管理系统和电子商务体系下的企业间链接系统，提供从物流企业设计、运力采购到物流过程实现的虚拟物流供应链整合[89]。

④ 伙伴选择

沈立新等（2005）构建了一个基于多 Agent 的虚拟物流企业伙伴选择决策支持系统管理框架模型[90]；提出了应用基于网格的聚类算法来选择虚拟物流企业合作伙伴[91]；采用双层规划的算法，在考虑 VLE 与客户双方利益的同时，建立了虚拟物流企业伙伴选择模型[92]。

⑤ 收益分配

朱帮助等（2004）指出，收益分配是虚拟物流企业的一个关键的问题；并通过应用公平理论、时间价值理论和层次分析法建立了一个基于贡献的虚拟物流企业收益分配模型[93]。

⑥ 资源管理

王佐（2003）在阐述物流资源整合重要性的基础上，研究了客户资源、能力资源和信息资源整合的主要内容，提出了物流企业资源整合的要点[94]；

曹明秀（2006）从综合物流企业资源的优化配置、高效利用的角度，构建了物流信息系统的整体框架和物流企业开放式集成再造模型，并对物流企业资源分类进行了阐述[95]。

总之，从目前的研究来看，对虚拟物流企业的研究尚停留在概念的讨论分析与基础框架的构建上，缺乏对虚拟物流企业的形成机理等基础性问题的深入分析，未形成对虚拟物流企业的系统的、统一的认识，影响了虚拟物流企业的后续研究与运作。

（5）虚拟物流联盟

戴勇（2002）分析了我国物流产业的竞争环境，并从第三方物流企业整合的角度分析了虚拟物流企业联盟的伙伴选择、成员关系管理以及运作管理等问题[96]。该文开创了我国学者对虚拟物流联盟研究的先河，具有重要的借鉴价值。此后，有关虚拟物流联盟的研究逐步展开。目前，有关虚拟物流企业联盟的研究成果主要体现在与组织构建有关的构建过程、伙伴选择和信息平台构建等方面。

① 组织构建过程

戴勇（2003）提出了一种混合型的虚拟物流企业联盟组织结构，并对其核心要素进行了分析；同时，他还认为虚拟物流企业联盟的构建过程包括：需求分析阶段、组建阶段、设计实施阶段、绩效度量与运行反馈调整阶段[97]。

郑毅延和王健（2006）主张建立基于核心竞争力的虚拟物流联盟，并指出虚拟物流企业联盟的构建包括发布需求信息、根据核心能力选择最合适的物流企业加入联盟、形成虚拟物流企业、运行设计和协调四个步骤[98]。

施琳琳和陈洁（2007）指出，虚拟物流联盟的构建包括需求分析、联盟成员选择、方案设计实施、动态管理四个步骤[99]。

总之，目前在虚拟物流联盟组建方面的研究主要是基于静态视角对虚拟物流联盟的结构模式等组织构建问题进行探讨，还鲜有文献从虚拟物流联盟的周期特性出发，考虑组织模式的选择以及组织优化问题；另外，结合网络信息技术，探讨虚拟物流联盟的组织构建与实现问题的研究较少，仅有的有限研究也不够系统、深入。

② 伙伴优化选择

陆金伟（2000）[100]和陈菊红等（2001）[101]对 Talluri 等（1996）提出的两阶段伙伴选择模型[102]进行了修订；戴勇（2002）在 Talluri（1996）两阶段模型基础上，给出了伙伴选择过程的三阶段模型[96]。

这些现有的研究主要是基于组织构建阶段对虚拟物流联盟的伙伴选择问题进行探讨，还鲜有文献从虚拟物流联盟的全生命周期研究伙伴的选择与优化问题。

③ 信息平台的构建

戴勇（2003）设计了虚拟物流联盟的信息平台[97]。

沈立新等（2004）[103]和沈立新等（2005f）[104]从我国物流行业的实际出发，分别构建了基于 ASP 和 MAS 的虚拟物流企业联盟的信息平台体系结构。

总之，从现有文献来看，对虚拟物流及其组织的研究才刚刚起步。相关的研究体系也不够完善、成熟，研究内容总体上是零星的、分散的，且存在着严重的概念混淆现象。对虚拟物流及其组织的研究没有明确的界限；对虚拟物流中心、虚拟物流组织、物流联盟、虚拟物流企业、虚拟物流联盟等多种物流企业的联盟组织形式的研究互相混用，整体研究亟待深入。

2.2 基于交易成本理论的虚拟物流联盟研究

2.2.1 交易成本理论假说

交易成本理论（Transaction Cost Theory，TCT）最早由 Coase 提出，他认为交易所涉及的成本包括寻找合适的交易者、交易双方达成合作意愿、签订合作协议以及有效执行协议内容的成本（Coase，1937）[105]。

交易成本理论基于人的有限理性和机会主义行为的假说，通过对交易过程中的不确定性和资产专有性问题的阐释来研究经济组织及其边界问题（Williamson，1985）[106]：

（1）有限理性是指决策者由于在认知能力方面的局限，虽然倾向于理性行为，但往往会受到有限信息处理能力和沟通能力的约束。这种约束在环境不确定和行为不确定的情况下，会导致很多问题的发生。其中，环境不确定性会导致决策者很难适应环境的变化；而行为不确定性会导致决策者很难对伙伴的绩效做出评价。

（2）机会主义指的是在没有制度约束的情况下，决策者更倾向于获得自我利益的机会主义行为。因而，机会主义会导致交易者在专有资产的投入上存在问题。因为在交易中投入资产的一方会被锁定在关系中，而获得资产的一方利用机会很可能会获得更多的收益。

2.2.2 交易成本理论视角下的物流模式

1. 交易成本理论的核心问题

交易成本理论研究的核心问题是企业如何通过对企业之间交易的组织来实现生产成本和交易成本的最小化。为了使生产成本和交易成本达到综合最小化，企业在交易中往往会面临着市场化与层级化的抉择。交易成本理论的代表人物 Coase（1937）在《企业的性质》一文中认为，社会经济生活中存在着两种截然不同的资源配置方式，即市场和企业。市场配置会产生交易成本；而企业内部的资源配置则会产生协调成本。市场交易成本与组织协调成本共同决定了企业的资源配置方式和组织边界[105]。随后 Coase 理论的集大成者 Williamson，在他的研究中将治理结构分为企业、关系契约（或中间组织）和市场三种形式，并认为交易不仅存在于市场和企业两端，如今在中间组织中更为常见（Williamson, 1985）[106]。

2. 交易类型与企业规制

Williamson（1995）认为制度模式的选择与交易类型有关。在经济活动中存在着企业、市场和混合模式三类和各类交易活动相匹配的规制结构（制度安排）；而交易类型可以从资产的专用性、交易的频率和不确定性三个纬度来度量。资产的专用性、交易的频率和不确定性等交易特征共同决定了采用什么样的管理结构是最合适的[107]。

3. 物流模式选择

（1）资产专用性—不确定性—物流模式选择

资产专用性是交易的主要特征，它限制着合作交易的投资和外部资源的使用价值。交易中在特定资产上的投资往往会导致相互依赖。资产专用性分为非专用、混合和特质三种类型。其中，非专用是指专用性程度很低；混合是指专用性程度适中；特质是指资产专用性很强。表 2－1 中的矩阵描述了资产的专用性、不确定性与物流管理模式的选择之间的关系。

表 2－1　资产专用性、不确定性与物流管理模式之间的关系

资产专用性 / 不确定性	非专用性	混合	特质
大	市场	第三方物流	自营物流
小	市场	第三方物流	自营物流/固定的第三方物流

资料来源：蒋有凌等（2006）[109]

由表 2－1 可见，当资产不具有专用性时，市场获取是最有效的方式。如大量出现的从事运输和仓储的专业物流公司就是一个很好的例证。价格由市场决定，不会发生投机行为，商品和服务的产生也不需要特殊的知识和技能。当资产具有混合型时，选择第三方物流是明智的。同样的资产可以应用到不同的交易中而且能够形成规模经济。如果交易需要特质资产，又具有极大的不确定性，应该采用内部操作。如果交易需要特质资产，但不确定性不大时，可以考虑在内部物流运作和外包给第三方物流之间做出选择。

（2）资产专用性—交易频率—物流模式选择

由于交易特性的不同，物流运作模式除了自营和市场这两个极端之外，中间还存在着一系列的、数个市场和组织相混合的交易组织形式。Williamson (1995) 根据交易过程的特性，把交易方式分为四种类型：一是“市场规制”；二是“三边规制”；三是“双边规制”；四是“统一规制”[107]。何明珂 (2001) 在《物流系统论》中指出[108]：市场规制是指所需要的物流资源都能够从物流市场上通过交易获得，这些物流资源并不是定制的专用性资源；三边规制是指通过资源需求方、供给方以及契约规制来共同治理的模式；双边规制是通过物流资源买卖双方共同治理的模式；而统一规制是指将企业外部治理变为内部治理，将企业外部供给变成企业内部行为的治理模式。

市场交易和企业自营构成了两种最基本的交易协调方式，而“三边规制”和“双边规制”则属中间组织形式。在确定性适中的情况下，可以使用资产专用性和交易频率两个纬度确定交易类型，然后再匹配出规制结构。交易频率分为数次和经常两种类型。其中，数次是指交易重复的次数较少（包括一次）；经常是指交易次数较多。表 2－2 描述了资产的专用性、交易频率与物流管理模式的选择之间的关系。

表 2－2　　资产专用性、交易频率与物流管理模式之间的关系

资产专用性 / 交易频率	非专用性	混合	特质
数次	市场规制（如公共物流服务）	三边规制（如共同物流）	
经常	市场规制（如公共物流服务）	双边规制（如建立物流联盟）	统一规制（如设立物流子公司）

资料来源：戴勇 (2002)[96] 和蒋有凌等 (2006)[109]

① 市场规制（如公共物流服务）适用于非专用性交易，在数次—非专用性和经常—非专用性两类交易活动中，交易条件通过多次“讨价还价”达成。

② 三边规制（如共同物流）适用于数次—混合型和数次—特质型两类交易。因为这两类交易活动具有适中和较强的专用性，交易中途停止会给交易双方带来较大的损失。在资产具有混合性和高度异质型且交易频率较高的交易中，通常是双方事先约定一个共同接受的第三者，授予这个第三者以相机决策的权力。

③ 双边规制（如建立物流联盟）适用于经常—混合型交易。这类交易的专用性程度不高，从规模经济的角度出发应该进行外购，同时这类交易又经常发生，所以和特定的企业（如第三方物流）发生特定交易关系比在市场调节情况

下更能降低成本。这样的物流提供商有两方面的潜在优势：获得规模经济效益和以专业化服务使客户受益。在交易过程中，交易双方仍然保持各自的独立地位，但相互之间出现了某些旨在维持双方长期合作关系的机制。

④ 统一规制（如设立物流子公司），也称一体化规制或单边规制，适用于经常一特质型交易。这类交易在企业内部进行。

2.2.3 虚拟物流联盟的契约安排

虚拟物流联盟是暂时性的企业联盟，一旦联盟所完成的物流任务结束，虚拟物流联盟就会解散。这种联盟通常是由某个企业出面组织关键技能，每一个联盟成员都趋向于独立或合作地从事各自的物流业务。在物流业务交易过程中这些拥有不同核心能力的合作企业之间具有较强的相互依赖性。如果用交易成本理论来解释物流交易模式，会发现第三方物流企业之间的业务交易是基于物流业务的分工。物流分工导致具有每种核心能力的企业的数量不会很多，因此通过市场寻找合作伙伴，构建资源互补基础上的物流企业网络组织，将由于企业出现的稀缺性至少在三个方面增加契约成本：（1）搜寻信息成本的增加；（2）经常性的契约谈判、活动成本的上升；（3）互补性活动产生的路径依赖性使转换成本提高，因此不适于采用市场规制。而根据第三方企业自身特点采用的联盟方式也决定了采用完全统一规制是不适宜的。

虚拟物流联盟这种组织模式只能采取与中间组织相应的双边规制和三边规制。在双方合作的初期，在彼此信誉不了解的情况下，采用三边规制，即双方事先约定一个共同接受的第三者，行使仲裁职能。随着合作次数的增加，双方了解程度的加深，三边规制逐步被双边规制所替代。因此从长期来看，联盟企业大都采用双边规制，这是一种建立在相互信任基础上的关系性缔约。虚拟物流联盟往往依物流项目的不同选择不同的合作伙伴，一旦项目完成，原合作关系（双边规制）解除，若新项目产生，则重新开始项目合作基础上的规制。因此，虚拟物流联盟的契约结构表现为短期性和长期性相结合的特点。其中，短期性契约规制和市场规制相似，由虚拟物流企业的形成过程加以规范；而与统一规制相类似的长期性契约规制，则反映在物流企业的网络组织特性上，这是一种建立在信任基础上的契约关系。虚拟物流联盟成员的合作网络组织形成的合作对象库依赖这种长期契约关系的存在，在实际履行时根据物流任务的具体要求可以从合作对象库中灵活地选择相应的合作者，组成虚拟物流企业。因此，作为有别于企业内部一体化和市场组织的一种中间组织安排，虚拟物流联盟的制度安排应采取有别于纵向一体化和市场安排的契约方式。考虑到物流服务合同的间续性和联盟成员关系的相对长期性，在设计虚拟物流联盟的契约规制的时候，可以将虚拟物流联盟的契约特点理解为长期契约基础上的短期契约。这里的长期契约规制体现在物流企业联盟网络组织成员关系的相对长期和稳定的静态特征；而短期契约则表现在虚拟物流企业构成时物流企业之间在任务基础上的物流业务交易合同。

因此虚拟物流联盟是一个短期契约和长期契约的联合体，在该组织中的企业无论大小，原则上都是平等的，都在为自己的经营目标而努力，只是在特定的物流任务出现时才采取共同行动。契约型联合体只是一个协议性的联合组织，它不是企业法人，而是一个协调性的、监督协议条款执行的组织。

2.3 基于资源基础理论的虚拟物流联盟研究

2.3.1 资源基础理论假说

资源基础理论（Resource-based View，RBV）最早兴起于20世纪80年代，它以Wernerfelt（1984）发表的《企业资源基础论》为标志，并经过了结构学派Lippman、Rumelt、Winter，Barney、Cool、Dierickx和Montgomery等学者的发展而走向成熟。

Wernerfelt（1984）在《企业资源基础论》中指出，企业内部的资源对维持竞争优势起决定性的作用[110]。资源是有价值的和稀有的。资源基础理论的研究基于资源的异质性及非流动性假设：其一，企业是一种资源的集合体，不同企业所拥有的资源具有异质性，尤其是战略性资源，因其独特性而很难被模仿；其二，这些异质性的资源在不同企业之间是非完全流动的，因此企业的异质性得以长期存在。基于这样的假设，资源基础理论认为企业所拥有的资源是企业获得竞争优势和导致其具有良好的长期绩效的重要因素（Barney，1991[111]；Grant，1991[112]）。然而，资源为拥有或控制它的企业带来的竞争优势是暂时的。这种优势被维持时间的长短与它被保护，免于被模仿、转换和替代的程度有关。为了获取持续的竞争优势，企业必须不断集聚有价值的资源，并加以充分利用以使其价值最大化。

2.3.2 资源基础理论视角下的联盟现象

资源基础观以新古典均衡理论为基础，从资源对维持企业竞争优势的决定性作用来透视联盟现象。当企业能够实现一种竞争者未能实现的增值策略时，企业将具有极大的竞争优势（Barney，1991）[111]。企业所能实现的增值策略是与其所具有的核心资源密切联系的。

Eisenhardt 和 Schoonhoven（1996）研究指出战略联盟形成的逻辑是战略需求和市场机遇[113]。在资源有限的情况下，没有组织可以完全自给自足，为了生存以及更好地利用外来资源，组织将会与外部环境中的相关组织展开合作，以获取资源。战略联盟是一种获取企业资源的有效工具。

Teece（1992）认为，战略联盟是将不同企业的互补性资源进行有效整合以创造新的市场机遇的有效手段[114]。资源基础理论强调企业所拥有的有价值的资源往往具有稀缺性、不可效仿性或替代性，因而资源的交易与集聚便成为一种必然的选择。然而，某些企业的资源往往与其他资源交织在一起使其不可交易，因此通过战略联盟来实现资源集聚便成为了企业的一种策略。企业组建战略联盟的目的在于集聚稀缺资源，获得并保持企业的持续竞争优势。

Gulati（1995）指出，当企业不能在要素市场上获得互补性资源时，联盟将成为获取资源的主要渠道[115]。企业通过战略联盟的形式实现与其他企业之间的资源共享或交换，以此来维持企业的持续竞争优势。

2.3.3 虚拟物流联盟的竞争优势

基于资源的观点认为，虚拟物流联盟可以看作是由资源需求和社会资源供给相互作用逻辑所驱动的合作关系。它是利用跨管理域、跨地理域的物流资源的一种有效手段。与交易成本理论相反，资源基础理论强调企业通过共享和利用有价值的资源以获得最大利润，即物流企业试图通过虚拟物流联盟找到最优的资源边界，以使自身的资源价值得到最好体现。因此，物流企业构建虚拟物流联盟的目的是为了与其他物流网络（实体或信息）集聚、共享和交换有价值的、不能通过市场交换获得的资源，从而完成单个物流企业无法实施的物流服务；同时将它们的物流资源作为独特的资源与外界进行交换与共享，实现物流资源的使用效率最大化（李亚东，2006）[116]。获取外界的物流资源能够使企业在较快的时间内获得竞争优势，而保持自身的资源则是为企业的可持续发展储备物流资源。企业在发展的过程中，针对外部环境的变化不断对内部资源进行整合，使物流企业资本的实物形态成为稀有的、难以仿效及替代的资产，这样的资产以及由此形成的技能可以赋予物流企业可持续的竞争优势。

物流企业的竞争优势是由企业运用各种物流技术、物流资源的能力以及适应物流市场环境的能力所决定的。因此，物流企业的竞争优势从内而外依次可分为三个层次：核心竞争力、核心流程和最终产品（服务）。具体而言，虚拟物流联盟的竞争优势主要体现在以下几个方面。

1. 跨区域的虚拟合作增强了组织的敏捷性

新经济时代，速度正在逐步取代成本和价格成为企业争夺市场的重要手段。跨区域的虚拟运作成为了加快物流企业市场响应速度的必备条件之一。当市场机遇出现时，一些由物流企业组成的，在功能上具有优势互补特点的组织成员突破了地域、行业、部门的限制，通过聚合彼此的核心竞争力形成了虚拟物流联盟。

虚拟物流联盟是在充分整合物流企业优质物流资源的基础上形成的多企业物流组织。由于在物流资源的共享形式上具有多样性，复杂的交叉联结形成了虚拟物流联盟的知识聚集，这在客观上增强了组织的灵敏性。在完成某一项具体的物流服务中，每个成员企业根据其所具有的核心能力快速地完成部分物流服务活动，而剩余的物流服务活动则由功能互补性成员配合完成。只有通过虚拟物流网络对物流资源整合和一体化运作，物流企业才可能充分发挥各自的核心能力，在整个物流过程中实现相互协作，最终为用户提供跨部门、跨行业、跨区域的、全程式、个性化、快速的“一站式”物流服务。

2. 物流资源的整合带来了市场规模的快速扩张

信息化是现代物流业发展的基础，现代物流业的高效运作离不开功能完善的信息平台与信息系统的支持。虚拟物流联盟内的物流企业通过信息资源的共享，可以在较低的信息获取及交易成本下，获取资源整合的协同效应。虚拟物流联盟通过对物流企业的资源整合，可以有效解决企业规模和市场规模之间的矛盾，从而把开拓市场的风险降到最低。由于合作者各有专长，虚拟物流联盟更易于战胜竞争对手，从而降低了单个企业扩大企业规模而带来的市场风险。

不仅如此，虚拟物流联盟通过跨区域的合作，使规模较小的企业有更多的机会进入更广阔的市场；并随着优势资源得到充分的发挥和利用，企业的业务量不断增加而同步扩大了企业规模，从而提高了自身的服务规模和质量。对于独立运行的大多数物流企业来说，采用虚拟物流联盟这一组织形式，能快速响应远远超出自己服务能力之外的市场机遇。由于虚拟物流联盟各成员优势互补，成员企业可以共享其他企业资源，完成过去只有大企业才能完成的工作。因此，采用虚拟物流联盟形式，可以使物流企业在较低的市场风险情况下，迅速扩大企业的物流服务能力和市场占有率。

3. 虚拟物流带来的规模效益有效拉到了第三方物流市场需求（施琳琳，陈洁，2007）[99]

长期以来，我国第三方物流市场需求不足，其根本原因在于缺乏能有效满足第三方物流需求的供给。虚拟物流联盟的形成使原本综合实力相对较弱的物流企业汇集成了企业联盟体，并依靠共同的企业品牌参与市场竞争，从而使企业联盟体的物流服务体现出多层次、多样化和分散化的特点，可以更好地满足物流需求企业对运输、仓储、配送等物流服务的不同功能要求和对服务档次的不同要求；同时，企业联盟体在信息搜索、人才储备、辅助性服务等方面，也更具规模经济性。虚拟物流的规模经济性，在给物流企业带来成本降低的同时，提高了其运营效率，从而可以为生产企业与商贸企业提供价廉质优的物流服务。

4. 虚拟物流带来的整合效益促进了物流企业的专业化分工（施琳琳，陈洁，2007）[99]

目前，我国物流业尚处于初步发展阶段，多数为“小而全”的多功能企业，缺乏核心竞争力。虚拟物流联盟的形成，促进了物流资源的整合，使联盟内的成员企业能够集中精力发展核心业务，并在发展过程中产生深度的专业化利用。在专业化分工发展的过程中，处于同一物流环节的企业从最初的竞争又合作的关系，最终走向了联合，并通过技术互补、知识联盟等手段推动整个物流业的优化和升级。

2.4 基于组织生态学的虚拟物流联盟研究

目前，有关虚拟物流联盟的研究主要是建立在交易成本理论和资源基础理论的基础之上，甚少有文献运用组织生态学的理论对虚拟物流联盟进行研究。组织生态学是一门新兴交叉学科。从 20 世纪 70 年代末开始，组织生态学从种内竞争、组织年龄、环境扰动、组织生存策略、种间竞争 5 条线索出发，系统地研究了组织个体之间和组织种群之间的互动关系。在组织设立、组织成长和组织死亡等方面，组织生态学已构建了系统的分析框架。目前，组织生态学研究呈现出的一个主要发展方向就是研究新型组织的生态学问题，如网络组织生态学和虚拟组织生态学等（彭璧玉，2006）[117]。

2.4.1 基于生态经济学的绿色物流研究

生态经济学是研究再生产过程中经济系统与生态系统之间的物质循环、能量转化和价值增值规律及其应用的科学。物流是社会再生产过程的重要环节，它既包括物质循环利用与能量转化，又包括价值转化与实现。因此，物流活动涉及经济与生态环境两大系统，强调经济效益与生态效益之间的平衡。而传统的物流管理过多地强调经济效益，注重目前和局部利益，而忽视了环境效益这种关系宏观与长远利益的重要因素，导致了社会整体效益下降。现代绿色物流的出现，较好地解决了这一问题。绿色物流以经济学的一般原理为指导，以生态学为基础，对物流的经济行为、经济关系和规律与生态系统之间的相互关系进行研究，以谋求在生态平衡、经济合理和先进技术条件下的生态与环境的协调发展。

2.4.2 基于生态位理论的物流联盟研究

生态位理论是生态学中最重要的理论之一，它是生物学中研究生物体之间的竞争性、生物对环境的适应性、生态系统的多样性和稳定性等问题的重要范畴（Hamel，1991）[118]。现将该理论概述如下：

1. 生态位的概念界定

Grinnell（1917）给出的生态位定义为：恰好被一种或一个亚种所占据的最后单位[119]；其后，Elton（1927）从生物有机体在群落中的功能作用出发，给出的生态位定义：物种在生物群落中的地位和角色[120]。Hutchinson（1957）总结了前人的研究，并将生态位的概念拓展为既包括生物的空间位置及其在生物群落中的功能地位，又包括生物在环境空间的位置，即把生态位看作是一个生物单元生存条件的总体集合[121]。

2. 生态位重叠和分离理论

两个物种在同一资源位上的相遇频率称为生态位重叠（Hurlbert，1978）[122]。生态位重叠往往与物种之间的竞争联系在一起。在资源无限丰富的情况下，两个物种的生态位均呈扩充趋势，这种生态位重叠不会引起物种之间的竞争；而在资源有限的情况下，两个物种的生态位在某一纬度上可能出现完全重叠，但在其他维度上的分割可能使这两个物种避免了竞争，形成共存的局面。但随着重叠维数的增加，竞争将不可避免。当两个物种的生态位在所有维度（包括资源维、时间维和空间维）上均出现重叠时，竞争变得异常激烈。根据 Gause 的竞争排斥原理，竞争的结果要么一个物种被淘汰，要么两个物种的生态位分离（完全分离或部分分离）而形成共存。“泛化”和“特化”是实现物种生态位分离的两种主要途径。在激烈竞争环境下，一部分物种拓展了其生态位的宽度以增加对环境的适应能力；另一部分物种压缩了其生态位宽度，并通过强化某一特殊功能，提高其适应性。

3. 生态位态势理论

生态位态势理论认为：自然界中的任何生物单元都具有“态”和“势”两个方面的属性（朱春全，1997）[123]。其中，“态”是指生物单元的状态，是生物单元过去生长、发育、学习以及与环境相互作用积累的结果；“势”是指生物体单元对环境的现实支配力或影响力，如能量和物质变换的速率、生物增长率、占据新生境的能力。而生态位则是描述生物单元在特定生态系统与环境相互作用过程中所形成的相对地位与作用，是生物单元的“态”和“势”两方面属性的综合。任何生物单元的生态位主要取决于主体与环境的物质、能量和信息的交流转换状况；以及主体自身的新陈代谢，即主体内部各个部件运行及相互协调状况（王刚，1984）[124]。

生态位态势的增加称之为生态位的扩充，生物体生态位的扩充来源于体能的增加、占据的物理空间的增大和适应能力的增强；而人类生态位的扩充主要来自于技术和智能的提高［通过技术进步实现其生态位的扩充是人类有别于其他种群的最显著的特点之一（朱春全，1997）[123]］。一般而言，生态单元的生态位扩充是在资源有限或竞争条件下发生的，一个物种生态位的扩充构成了其对另一个物种的生态位入侵，从而引发竞争，竞争将导致种群中某些个体的生态位被压缩，使其在竞争过程中被淘汰而释放出所占有的资源空间；相应地，一些优势个体由于得到这部分资源空间而使其生态位得到扩充。当新的物种出现时，如果与原来的物种占据相同的生态位，并能够更有效地利用资源，新物种就会通过竞争的方式，最终取代原有物种。从生物进化角度来看，生态单元生态位的扩充实质上是生物的进化过程，是推动生态系统由低级向高级、由简单到复杂演化的动力机制。

总之，近 20 年来生态位理论在竞争机制、生态单元对环境的适应性、生态系统的演化、多样性和稳定性、人类生态、城市生态等方面的研究中得到广泛运用。并且随着生态位概念的不断拓展，该理论已在城市生态、企业评价、城镇规划、经济发展等方面取得了很好的成就，从而使得其理论含义得到不断地拓展。与此同时，生态位理论也为物流市场和 TPL 企业的研究提供了新的视野（谢春讯等，2006）[125]。如彭本红和孙绍荣（2006）利用生态位理论，探讨了物流市场的细分，分析了三种典型的第三方物流企业在物流市场生态位的最佳分布以及它们之间的竞争合作关系，指出第三物流联盟是物流企业“竞合”的典范；并从生存力、协调发展力和竞争力三个层面建立了第三方物流联盟的生态位结构模型，为第三方物流的研究提供了新视角[126]。谢春讯等（2006）运用生态位理论分析物流市场中综合物流市场、区域物流市场、专业物流市场的竞争合作关系及 TPL 企业在物流市场的最佳分布；并以生态位理论为基础研究 TPL 企业竞争合作演变，从而提出了 TPL 竞争合作关系管理的生态位结构模型[125]。

2.5 基于组织遗传学的虚拟物流联盟研究

人类对基因的研究始于20世纪初期，1926年Morgan的《The Theory of the Gene》一书的出版标志着遗传学说的创立。随着研究的深入，遗传学说得到进一步的完善。遗传行为学认为生命有机体的所有行为都会受到遗传基因和环境的交互影响，企业作为生命个体的有机组合体，其发展过程同样遵循遗传行为学的规律。近年来，在理论界，有关遗传学说的各种理论、方法和技术在企业领域逐渐得到了不同程度的应用。

1. 企业进化理论

企业进化理论（Enterprise Evolution Theory）又称企业演化理论，DNA进化理论。经济的发展，竞争的加剧，使得企业内在的管理要素越来越趋向于多样化。对环境的适应性已成为决定企业生存和发展的主导力量。在这种背景下，企业进化理论逐渐受到人们的重视。企业进化理论是在生物进化论、组织生态学和演化经济学等理论的基础上逐渐发展起来的一种新型企业理论。Nelson和Winter（1982）的《An Evolutionary Theory of Economic Change》一书的问世，标志着企业进化论的基本理论框架的完善。在该书中他们将企业行为中的惯例（Routine）视为组织遗传学的基因类比物，并认为企业的成长是通过三种类似生物进化的核心机制——多样性、遗传性和自然选择性来完成的。组织、创新和路径依赖等对企业的进化有深刻的影响，市场的选择决定着企业生存和发展的界限，这一界限与企业存活能力和增长率有着密切的关系。他们特别强调“惯例”（知识遗传和继承）、“搜寻”（企业适应和惯例变异）和“市场选择”在企业进化过程中的作用[127]。

2. 企业DNA理论

（1）企业DNA理论发展沿革

在企业进化论的基础上企业DNA理论逐步发展起来。近年来，在理论界，管理学研究者已经不满足于通过企业文化、战略管理、危机管理、流程再造等理论来研究企业的发展，而是用生物体的DNA理论来解释企业有机体是否合理、健康，进而判断企业是否具有可持续发展的原动力；在实务界，在企业开始关注组织基因、质量基因、品牌基因、文化基因、创新基因和信息DNA等方面问题的同时，有关企业DNA研究的咨询公司也不断增多，Booz Allen就是一家全球著名的咨询公司，近年来一直致力于企业DNA的研究，并研发了组织DNA剖析器，通过对企业管理层和员工设置的 19 个问题的网站在线测试，评估企业包括组织架构、决策权、信息传导和激励机制在内的四个基本要素的状况，并将企业归类于七种企业 DNA。在国内，乾泉教授关于组织 DNA 理论的学说《全息管理理论》在企业界也具有相当的影响力。

总之，虽然有关企业 DNA 的研究正逐渐成为管理学的研究热点，但目前研究的重点还停留在企业 DNA 的存在模式以及企业 DNA 究竟是什么的问题。

（2）企业 DNA 的概念及基本要素

企业 DNA（Corporation DNA）的概念最早是由 Tichy 和 Sherman（1993）提出的，他们认为企业与生物一样有着自己的遗传基因，企业 DNA 就是企业的基因密码，它决定了企业的基本稳定形态、发展乃至变异的种种特征，决定了企业规模、类型以及经营是否健康有序等最基本的方面[128]。企业 DNA 概念的提出，其价值在于把企业的发展视作是一个生命体的成长，这使得企业发展问题回归其本原，因而能更清晰地把握企业发展的本质。Tichy 和 Sherman 不仅提出了企业 DNA 的概念，而且从企业的组织制度层面和文化层面上提出了企业 DNA 的存在模式。随后，Baskin（1998）在《Corporate DNA：Learning from Life》一书中详尽地论述了企业 DNA 及如何运用 DNA 原理进行组织设计和组织管理，以适应"市场生态"的变化。他认为企业是一个有机生命体，企业 DNA 是各个部门所需要的信息，是公司的数据库。企业 DNA 可以转换为一种能力，即企业的核心竞争力[129]。他将企业 DNA 总结为一套规则，是影响企业中个体行为方式和思维方式的东西，但他没有深入讨论企业 DNA 具体由哪些要素构成。在后来发表的《The Four Bases of Organizational DNA》一文中 Neilson 等（2003）认为就像生物双螺旋结构的 DNA 由四种核苷酸分子的不同组合所决定的一样，企业的 DNA 由组织架构（Structure）、决策权（Decision Rights）、信息传导（Information）和激励机制（Motivators）四个基本要素组成，这些基本要素通过无数种组合方法形成企业的独特性[130]。接着，他们在《The Seven Types of Organizational DNA》一文中进一步拓展了企业 DNA 的概念，认为这四种组成要素，在很大程度上决定了一个公司的行为表现方式，并根据这四种组成要素，划分了七种企业 DNA 的类型（Neilson et al.，2004）[131]。但他们并没有明确指出主导企业活动的 DNA 双链是什么以及这些基因要素在企业内部如何实现重新组合。

（3）基因重组技术在组织管理中的应用

在基因重组技术的基础上，Aurik 等在 2003 年最早提出了企业基因重组的概念。关于企业基因重组问题的研究虽然起步较晚，但已经取得重大突破。在《Rebuilding the Corporate Genome：Unlocking the Real Value of Your Business》一书中，Aurik 等把作为企业能力要素的企业基因定义为企业的基本结构元素，并认为就像人的体态特征是由一系列复杂的人类基因组所决定的那样，企业是一个能力要素的组合，正是分布于企业中的这些能力要素决定了企业的价值。企业每个能力要素的分解与重构类似于人类的基因遗传，通过遗传密码决定企业在研发、生产和销售等活动中的资源配置、组织安排（Aurik，2003）[132]。

（4）基因组方法在组织设计中的应用

在对如何运用 DNA 原理进行组织设计和组织管理研究的过程中，一种生物学研究方法——基因组方法开始在项目组织优化设计中得到运用。基因组方法的出现有效阐释了基因遗传与组织活动安排之间的相似性以及组织的基因结构特征。David Moore 在 2002 年出版的《Project Management：Designing Effective Organizational Structures》一书中指出[133]：基因组方法是以遗传性项目管理知识领域为基础，将项目中学习到的，识别并应对外部环境中的机遇与威胁的优良特性传递到未来项目中去的一种仿生物基因遗传特性的方法。同时，书中还指出传统的项目管理方法由于无法确定可能遇到的所有问题及每种问题可能出现的概率和最可能出现的问题，而且总是倾向于把预料外的事件当成是不利因素来考虑而使得它在现代项目有机结构最优化的应用中受到限制，变得缺乏创造性。而基因组方法作为一种仿生物遗传特性的方法，可以通过基因的不同组合实现多样性的组织结构；并可以通过对基因组的检测和修正，针对不同的项目阶段选择最相关的结构。这样可以避免采用传统的项目组织结构或者将为上一个项目设计的组织结构直接移植到下一个项目中，使所设计的结构具有良好的适应性和创新性。

总之，目前这些有关组织遗传学说的各种理论、方法和技术在虚拟企业领域已经得到一定程度的应用。我们的一些研究，如薛晓芳和覃正（2008a）在企业进化理论的基础上，提出了虚拟企业进化的思想和虚拟企业生态系统的概念，阐述了虚拟企业生态系统形成的必要性及其系统构成。并在此基础上，对虚拟企业生态系统的进化机制进行分析，从而深刻揭示了虚拟企业生态系统进化的内在动力机制和外在表达机制之间的内在联系[134]；薛晓芳等（2008）从理论上论证了基因组方法在虚拟企业组织优化设计过程中的适用性[135]；并在后续的研究中给出了具体的实现方法和研究框架。还在此基础上，初步形成了基于基因组方法的虚拟企业组织优化理论（薛晓芳，覃正，2008b）[136]。对于该理论的核心问题基因重组在《多种群协同进化策略下的虚拟企业基因重组》一文中进行了重点研究（薛晓芳等，2009）[137]。

虚拟物流联盟作为 21 世纪一种新的物流管理模式，既具有传统物流企业模式的共性，又具有虚拟企业的共性。本书尝试运用企业进化理论和企业 DNA 的理论、方法和技术对虚拟物流联盟进行研究，其目的在于为虚拟物流联盟的研究提供新的视角和新的思维。

本章小节

虚拟物流理论研究现状的综述表明：对虚拟物流及其组织的研究才刚刚起步。相关的研究体系也不够完善、成熟，研究内容总体上是零星的、分散的，且存在着严重的概念混淆现象。对虚拟物流与虚拟物流组织的研究没有明确的界限；对虚拟物流中心、虚拟物流组织、物流联盟、虚拟物流企业、虚拟物流联盟等多种物流企业的联盟组织形式的研究互相混用，整体研究亟待深入。

对于虚拟物流联盟的研究主要限于组织构建过程、伙伴选择和信息平台的构建三个方面，这些研究主要是基于静态视角，而不能从虚拟物流联盟的全生命周期对结构模式、伙伴选择和组织优化等问题进行探讨；另外，结合网络信息技术，探讨虚拟物流联盟的组织构建与实现问题的研究较少，仅有的有限研究也不够系统、深入。

目前，有关虚拟物流联盟的研究主要是建立在交易成本理论和资源基础理论的基础之上，甚少有文献运用组织生态学和组织遗传学理论对虚拟物流联盟进行研究。交易成本理论基于人的有限理性和机会主义行为的假说，从交易过程中的不确定性、交易的频率和资产专有性三个方面有效阐释了虚拟物流联盟的产生条件及其契约安排。资源基础理论基于资源的异质性及非流动性假说很好地解释了虚拟物流联盟的形成过程及其竞争优势。

组织生态学是一门新兴交叉学科，目前的研究呈现出的一个主要发展方向就是研究新型组织的生态学问题，如网络组织生态学和虚拟组织生态学等。而有关组织遗传学说的各种理论、方法和技术在虚拟企业领域已经得到一定程度的应用。本书尝试运用组织生态学理论和组织遗传学理论对虚拟物流联盟进行研究，其目的在于为虚拟物流联盟的研究提供新的视角和新的思维。

参考文献

[1] Fuller F B, O'Conor J, Rawlinson R. Tailored Logistics: The Next Advantage [J]. Harvard Business Review, 1993, 71 (3): 87 - 98.

[2] National Industrial Information Infrastructure Protocols. http://www.nijip.org. 2001.

[3] TEAM (Technologies Enabling Agile Manufacturing) Macro Planner Requirements Guide [R] DE96003429/HDM, 1995.

[4] Kosanke K, Vernadat F, Zelm M. CIMOSA: Enterprise Engineering and Integration. Computer in Industry, 1999 (40): 88 - 97.

[5] 汪贻生，王丰，姜大立，等. 论虚拟物流研究及其发展 [J]. 重庆大学学报：自然科学版，2005 (2): 141 - 45.

[6] Bowman R J. The Case of the Vanishing Job Title (Logisticians) [J]. Distribution, 1996, 95 (1): 32 - 34.

[7] Clarke M P. Virtual Logistics: An Introduction and Overview of the Concepts [J]. International Journal Physical Distribution and Logistics Management, 1998, 28 (7): 486 - 507.

[8] 国家技术监督局. 中华人民共和国国家标准·物流术语 (GB/T 18354—2001) [S]. 北京：中国标准出版社，2001.

[9] Roodhooft F, Konings J. Vendor Selection and Evaluation: An Activity-based Costing Approach [J]. European Journal of Operation Research, 1996, 96: 97 - 102.

[10] Hardenburg G, Curtis C. Logistics Control and Information Support (LOCIS) [J]. AUTOTESTCON (Proceedings). IEEE, Piscataway, NJ, USA, 2000, 40 - 62.

[11] Cizman A. Computerized Logistics Information Systems—A Key to Competitiveness [J]. Informatica (Ljubljana), 2001, 25 (1): 89 - 98.

[12] 丁键，孟繁亭，吴裕祥. 物流资源整合中的信息系统构建 [J]. 物流科技，2005, 28 (3): 70 - 72.

[13] Sundar D K, Garg S, Ramanayya T V. Integrated Virtual Logistics Network for Quick Responses [J]. Proceedings of the Conference on Traffic and Transportation Studies, ICTTS, 2002, 1224 - 1231.

[14] Vicky M, Dimitris F, MaroV. Establishing an Integrated Virtual Logistics Network [J]. International Journal of Logistics Systems and Management, 2005 (1): 354 - 365.

[15] 姜大立，王丰，杨西龙. 虚拟物流信息平台的结构与功能分析 [J]. 铁道经济与运输，2003, 25 (8): 20 - 21.

[16] 童刚. 物流综合信息平台中信息交换标准研究 [J]. 中国标准化，2003 (6): 9 - 11.

[17] 张丹羽，王千．基于 JZEE 技术的现代物流协同信息平台研究 [J]. 计算机工程与应用，2005，41（21）：202－205.

[18] 杨扬，陈幼林．物流公共信息平台多系统互连模式研究 [J]. 交通运输工程与信息学报，2006，4（1）：24－30，55.

[19] Varun G, Malhotra M K. Transaction Cost Framework in Operations and Supply Chain Management Research: Theory and Measurement [J]. Journal of Operations Management, 2003, 21 (4): 457－473.

[20] Romano P. Coordination and Integration Mechanisms to Manager Logistics Processes across Supply Networks [J]. Journal of Purchasing and Supply Management, 2003, 9 (6): 119－134.

[21] Chen M. E-design Collaborative Reference Model for OEM Product Development [J]. Journal of the Chinese Institute of Industrial Engineers, 2004, 21 (4): 395－408.

[22] 侯发欣，张旭梅，熊红．基于 Petri 网的虚拟供应链物流网络优化 [J]. 计算机集成制造系统，2004，10（12）：1509－1511.

[23] Min H, Jayaraman V, Srivastava R. Combined Location-routing Problems: A Synthesis and Future Research Directions [J]. European Journal of Operation Research, 1998, 108 (1): 10－23.

[24] Appleguist G E, Pekny J F, Reklaitis G V. Risk and Uncertainty in Managing Chemical Manufacturing Supply Chains [J]. Computers and Chemical Engineering, 2000, 24: 2211－2222.

[25] Giaglis G M, Minis I A. Minimizing Logistics Risk through Real-time Vehicle Routing and Mobile Technologies [J]. International Journal of Physical Distribution & Logistics Management, 2004, 34 (9): 749－764.

[26] Killmer K A, Hollister M S U. A Risk/Cost Framework for Logistics Policy Evalution: Hazardous Waste Management [J]. Journal of Business & Economic Studies, 2002, 8 (1): 23－30.

[27] Tsai M C, Su Y S. Political Risk Assessment on Air Logistics Hub Developments in Taiwan [J]. Journal of Air Transport Management, 2002 (8): 373－380.

[28] Cavinato J L. Supply Chain Logistics Risk: From the Back Room to the Board Room [J]. International Journal of Physical Distribution & Logistics Management, 2004, 34 (5): 383－385.

[29] Coppendal J. Manage Risk in Product and Process Development and Avoid

Unpleasant Surprises [J]. Engineering Management Journal, 1995 (2): 35 - 38.

[30] Miller R, Lessard D. Understanding and Management Risk in Large Engineering Projects [J]. International Journal of Project Management, 2001, 19 (8): 437 - 443.

[31] 张志勇, 匡兴华. 基于面向对象技术的多层次军事物流资源信息模型研究 [J]. 物流技术, 2005 (4): 88 - 90.

[32] 龙运军, 姜大立. 基于网格技术的虚拟物流资源调配研究 [J]. 物流技术, 2007, 26 (2): 94 - 96.

[33] 曾宇容, 王林, 袁泽沛. 物流公共信息平台与区域物流资源整合 [J]. 科技管理研究, 2007 (4): 125 - 126, 130.

[34] Stuart D E, Owen J, Landers T L. Establishing the Virtual Warehouse [A]. ASME International Mechanical Engineering Congress and Exposition, SanFrancisco California, 1995.

[35] Landers T L, Cole M H, Walker B, et al.. The Virtual Warehousing Concept [J]. Transportation Research Part E, 2000, 36: 115 - 125.

[36] 陈杨, 姜大立, 黄英祥, 等. 军事虚拟仓库组织结构的博弈分析 [J]. 后勤工程学院学报, 2006 (3): 96 - 101.

[37] 樊荣, 周庆忠. 基于 Multi-Agent 的军事油料虚拟仓库结盟协商研究 [J]. 计算机系统应用, 2005 (12): 33 - 36.

[38] 樊荣, 周庆忠, 刘云. 军事油料虚拟仓库的构建 [J]. 中国储运, 2006 (2): 115 - 116.

[39] Crowley J A. Virtual Logistics: Transport in the Marketspace [J]. International Journal of Physical Distribution & Logistics Management, 1998, 28 (7): 547 - 574.

[40] Shukla C, Vasque M, Frank C F. Virtual Manufacturing: An Overview [A]. 19th International Conference on Computers and Industrial Engineering, 1996, 31: 79 - 82.

[41] 王数国, 乔桂秀, 董玉春, 等. 虚拟制造中多机器人虚拟生产平台的研究 [J]. 高技术通信, 1999 (9): 1 - 6.

[42] 王江, 杨家本. CIM 环境下连续生产过程通用虚拟生产调度系统 [J]. 计算机集成制造系统, 2000, 6 (2): 55 - 60, 74.

[43] Felix O, Odilea O, Abdel-Malekb L L. The Virtual Manufacturing Paradigm:

The Impact of IT/IS Outsourcing on Manufacturing Strategy [J]. International Journal Production Economics, 2002, 75: 147 - 159.

[44] Franke Ulrich, Jockel Otto. Virtual Logistics: An Exploratory Case Study [R]. Centre for Logistics and Transportation, Cranfield School of Management, 2000, SWP 3/00: 3 - 6.

[45] Semich J W. Information Replaces Inventory at the Virtual Corp. [J]. Datamation, 1994, 40 (14), 37 - 42.

[46] Schuh G, Weber H, Kajüter P. Logistikmanagement: Strategische Wettbewerbsvorteile durch Logistik [M]. Stuttgart, 1996: 253 - 273.

[47] Schönsleben P. With Agility and Adequate Partnership Strategies towards Effective Logistics Networks [J]. Computers in Industry, 2002, 42 (1): 33 - 42.

[48] Clarke M P. Virtual Logistics-An Introduction and Overview of the Concepts [J]. International Journal of Physical Distribution & Logistics Management, 1998, 28 (7): 486 - 507.

[49] Wilding R, Humphries A S. Understanding Collaborative Supply Chain Relationships through the Application of the Williamson Organisational Failure Framework [J]. International Journal of Physical Distribution & Logistics Management, 2006, 36 (4): 309 - 329.

[50] Tate K. The Elements of a Successful Logistics Partnership [J]. International Journal of Physical Distribution & Logistics Management, 1996, 26 (3): 7 - 13.

[51] Tibben-Lembke R S, Rogers D S. Real Options: Applications to Logistics and Transportation [J]. International Journal of Physical Distribution & Logistics Management, 2006, 36 (4): 252 - 270.

[52] Chang E, Dillon T, Gardner W, et al.. A Virtual Logistics Network and an E-Hub as a Competitive Approach for Small to Medium Size Companies [A]. International Web and Communication Conference in Korea, 2003, June: 18 - 20.

[53] Leung A. EPC-Linking the Virtual Logistics Supply Chain [J]. Logistics, 2004 (3): 72 - 76.

[54] Wang Y S. Selection and Optimization of Partners of Virtual Logistics Organizations [J]. Industrial Engineering Journal, 2004, 7 (6): 20 - 36.

[55] Hussain F K, Chang E J, Dillon T S. Classification of Trust in Logistics Peer-to-Peer Communication [A]. International Conference: Sciences of Electronic, Technologies of Information and Telecommunications, TUNISIA, 2004: 15 - 20.

[56] Talevski A, Chang E, Dillon T. Reconfigurable Web Service Integration in the Extended Logistics Enterprise [J]. IEEE Transactions on Industrial Informatics, 2005, 1 (2): 74 - 84.

[57] 刘伟. 一种虚拟物流中心运作模式 [J]. 经营管理者, 2002 (7): 36 - 37.

[58] 李芳, 乞建勋, 牛东晓. AHP 法在虚拟物流中心伙伴选择中的应用 [J]. 华北电力大学学报, 2004, 31 (4): 82 - 85.

[59] 李芳. 虚拟物流中心构建的管理理论研究 [D]. 保定: 华北电力大学, 2004.

[60] 陈铭, 刘仲英. 建构三化供应链体系: 虚拟物流中心 [J]. 经济论坛, 2005a, (9): 78 - 79.

[61] 陈铭, 刘仲英. 虚拟物流中心与供应链信息化重组 [J]. 工业技术经济, 2005b, 24 (9): 124 - 125.

[62] 陈铭. 虚拟物流中心与虚拟供应链的建构 [J]. 软科学, 2005, 19 (1): 36 - 40.

[63] 汪贻生, 王丰, 姜大立, 等. 虚拟物流组织契约网络体系构建 [J]. 铁道运输与经济, 2004a, 26 (6): 15 - 17.

[64] 汪贻生. 虚拟物流组织构建与运行管理研究 [D]. 重庆: 后勤工程学院, 2004.

[65] 张炎亮, 申红雪. 虚拟物流组织的结构模式研究 [J]. 郑州轻工业学院学报: 社会科学版, 2008, 9 (1): 81 - 83.

[66] 汪贻生, 王丰, 姜大立, 等. 虚拟物流组织伙伴选择与优化方法研究 [J]. 工业工程, 2004b, (6): 20 - 25.

[67] 汪贻生, 王丰. 虚拟物流组织中的协调机制与协调模型研究 [J]. 商品储运与养护, 2005 (1): 1 - 4.

[68] 彭良涛, 姜大立, 胡曙. 虚拟物流组织冲突研究 [J]. 中国储运, 2007 (3): 113 - 115.

[69] 郑翠娟, 王丰, 李静, 等. 虚拟物流组织风险研究 [J]. 物流技术, 2005 (2): 9 - 10.

[70] 柴大胜, 申金升, 李根柱. 基于 WBS - RBS 和 AHP 方法的虚拟物流组织风险研究 [J]. 北京交通大学学报: 社会科学版, 2006, 5 (3): 30 - 33.

[71] 彭良涛，姜大立．模糊综合评判法在虚拟物流组织风险评价中的应用 [J]. 物流技术，2006 (6)：27 - 28.

[72] 王小丽，张文杰，周旭东．我国的物流企业构建动态联盟需注意的几个问题 [J]. 铁道物资科学管理，2000 (3)：31 - 32.

[73] 韩臻聪．论企业物流战略联盟的建立 [J]. 现代管理科学，2003 (9)：22 - 23，39.

[74] 罗高峰．物流企业战略联盟构建方案 [J]. 商场现代化，2005 (13)：80 - 82.

[75] 彭本红，谷晓君，胡若．第三方物流联盟的网络协同模式探讨 [J]. 商业研究，2006 (4)：165 - 167.

[76] 贺竹磐，孙林岩，宫俊涛．ANP 理论及其在物流联盟盟员选择中的应用 [J]. 中国机械工程，2006 (9)：1913 - 1915.

[77] 孙晓东，焦明，胡劲松．优度评价法在物流联盟成员选择中的应用 [J]. 工业工程，2006 (9)：113 - 117.

[78] 余福茂，朱开明．基于突变理论的动态物流联盟合作伙伴评价研究 [J]. 物流技术，2007，26 (2)：113 - 114.

[79] 董敬欣，罗霞，李冬俊．虚拟物流企业构建理论研究 [J]. 计算机辅助设计与制造，2001 (9)：30 - 33.

[80] 张韬，赵新刚，李学伟．基于服务构建虚拟物流企业研究 [J]. 北京工商大学学报：自然科学版，2003，21 (4)：57 - 60，64.

[81] 詹晓勇，朱汉民．虚拟物流企业的组建与运行分析 [J]. 武汉理工大学学报：社会科学版，2004 (6)：703 - 706.

[82] 赵娟．我国虚拟物流企业组建问题探讨 [J]. 物流科技，2004，29 (134)：4 - 6.

[83] 杨鹏，王成钢．基于 BPR 的虚拟物流企业构建的探讨 [J]. 长沙交通学院学报，2005 (2)：100 - 104.

[84] 刘兴，马明．虚拟物流企业的构建与运营研究 [J]. 中国地质大学学报：社会科学版，2006，6 (4)：23 - 25.

[85] 沈立新，陈燕，崔春雷，等．基于知识网络的虚拟物流企业运行机制 [J]. 科技管理研究，2005a，(5)：110 - 112.

[86] 沈立新，陈燕，朱国锋．基于 Agent 的虚拟物流企业系统运作模型研究 [J]. 科技与管理，2005b，(2)：29 - 31.

[87] 杨鹏，王成钢．虚拟物流企业构建的流程融合机制及模型 [J]. 山西科技，

2005（3）：82－83.
[88] 彭娟．虚拟物流企业核心竞争力的探析［J］．中国市场，2008（49）：45－46.
[89] 张真继，周世东．虚拟物流企业信息平台构建的研究［J］．物流科技，2006（2）：85－87.
[90] 沈立新，陈燕，崔春雷，等．基于MAS的虚拟物流企业伙伴选择决策支持系统模型研究［J］．科技管理研究，2005c，（5）：127－130.
[91] 沈立新，陈燕，崔春雷，等．基于网格的聚类算法的虚拟物流企业伙伴选择方法研究［J］．计算机科学，2005d，32（8）：114－117.
[92] 沈立新，陈燕，徐颂等．基于双层规划的虚拟物流企业伙伴选择［J］．软科学，2005e，（19）：30－33.
[93] 朱帮助，袁旭，孙希刚．基于贡献的虚拟物流企业收益分配［J］．桂林电子工业学院学报，2004，24（3）：71－74.
[94] 王佐．论物流企业的资源整合［J］．物流技术，2003（3）：5－9.
[95] 曹明秀．基于资源集成的综合性物流企业信息系统构建研究［J］．物流技术，2006（5）：75－77，87.
[96] 戴勇．虚拟物流企业联盟的构建与管理［D］．上海：上海海运学院，2002.
[97] 戴勇．虚拟物流企业联盟的组建与结构探讨［J］．交通运输系统工程与信息，2003，3（1）：89－91.
[98] 郑毅延，王健．基于核心竞争力的我国虚拟物流企业联盟建立路径探析［J］．物流科技，2006，29（10）：21－22.
[99] 施琳琳，陈洁．构建虚拟物流联盟－我国中小物流企业制胜之道［J］．中国高新技术企业，2007（14）：21－24.
[100] 陆金伟，达庆利．一种选择虚拟企业伙伴的框架［J］．管理工程学报，2000（14）：19－22.
[101] 陈菊红，汪应洛．虚拟企业伙伴选择过程及方法研究［J］．系统工程理论与实践，2001，21（7）：48－53.
[102] Talluri S, Baker R C. A Quantitative Framework for Designing Efficient Business Process Alliance［C］. International Conference on Engineering Management and Control（IEMC），1996.
[103] 沈立新，陈燕，孙兆刚．基于ASP的虚拟物流企业联盟信息平台的结构与功能设计［J］．物流技术，2004（9）：63－64.
[104] 沈立新，陈燕，孙兆刚．基于MAS理论的虚拟物流企业联盟的信息系统

管理 [J]. 科学技术与工程, 2005f, 5 (2): 91 - 95.

[105] Coase R H. The Nature of the Firm [J]. Economics, 1937, 4 (16): 386 - 405.

[106] Williamson O E. The Economic Institutions of Capitalism [M]. New York: Free Press, 1985.

[107] Williamson O E, Masten S E. Transaction Cost Economics: Theory and Concepts [M]. Brookfield, VT, Edward Elgar, 1995.

[108] 何明珂. 物流系统论 [M]. 北京: 中国审计出版社, 2001.

[109] 蒋有凌, 陈盈, 杨家其. 交易成本视角下的物流运作模式 [J]. 物流管理, 2006 (13): 63 - 67.

[110] Wernerfelt B. A Resource-based View of Firm [J]. Strategic Management Journal, 1984, 5 (2): 272 - 280.

[111] Barney J B. Firm Resources and Sustained Competitive Advantage [J]. Journal of Management, 1991, 17 (1): 99 - 120.

[112] Grant R M. The Resource-based Theory of Competitive Advantage: Implications for Strategy Formulation [J]. California Management Review, 1991, 33 (1): 114 - 135.

[113] Eisenhardt K M, Schoonhoven C B. Resource-based View of Strategic Alliance Formation: Strategic and Social Effects in Entrepreneurial Firms [J]. Organization Science, 1996, 7 (2): 136 - 150.

[114] Teece D J. Competition, Cooperation, and Innovation: Organizational Arrangements for Regimes of Rapid Technological Progress [J]. Journal of Economic Behavior and Organization, 1992, 18 (1): 1 - 25.

[115] Gulati R. Social Structure and Alliance Formation Pattern: A Longitudinal Analysis [J]. Administrative Science Quarterly, 1995, 40 (4): 619 - 652.

[116] 李亚东. 面向全生命周期的虚拟物流组织研究 [M]. 天津: 天津大学出版社, 2006.

[117] 彭璧玉. 组织生态学理论述评 [J]. 经济学家, 2006 (5): 111 - 117.

[118] Hamel G. Competition for Competence and Inter-Partner Learning within International Strategic Alliances [J]. Strategic Management Journal, 1991, 12 (8): 83 - 104.

[119] Grinnell J. The Niche-Relationships of the California Therasher [J]. The Auk, 1917, 34 (4): 427 - 433.

[120] Elton C S. The Animal Community [M]. Animal Ecology, 1927.

[121] Hutchinson G E. A Treatise on Limnology [M]. New York, NY: Wiley, 1957.

[122] Hurlbert S H. The Measurement of Niche Overlap and some Relatives [J]. Ecology, 1978, 59 (1), 168 – 174.

[123] 朱春全. 生态位态势理论与扩充假说 [J]. 生态学报, 1997 (3): 324 – 332.

[124] 王刚. 关于生态位定义的探讨及生态位重叠计算公式改进的研究 [J]. 生态学报, 1984, 4 (2): 119 – 127.

[125] 谢春讯, 吴忠, 彭本红. 基于生态位理论的第三方物流合作关系模型研究 [J]. 商场现代化, 2006 (9): 104 – 106.

[126] 彭本红, 孙绍荣. 基于生态位理论的第三方物流研究 [J]. 科研管理, 2006, 27 (5): 87 – 92.

[127] Nelson R R, Winter S G. An Evolutionary Theory of Economic Change [M]. Cambridge, MA, London: The Belknap Press of Harvard University Press, 1982.

[128] Tichy N, Sherman S. Control Your Destiny or Someone Else Will [M]. New York, NY: Currency Doubleday, 1993.

[129] Baskin K. Corporate DNA: Learning from Life [M]. Boston, MA: Butterworth Heinemann, 1998.

[130] Neilson G, Pasternack B, Mendes D. The Four Bases of Organizational DNA [J]. Washington: Booz Allen Hanilton's Strategy Business Magazine, 2003 (3): 56 – 71.

[131] Neilson G, Pasternack B, Mendes D. The Seven Types of Organizational DNA [J]. Washington: Booz Allen Hanilton's Strategy Business Magazine, summer issue, 2004.

[132] Aurik J C, Jonk G J, Willen R E. Rebuilding the Corporate Genome: Unlocking the Real Value of Your Business [M]. New York: John Wiley & Sons, 2003.

[133] Moore D. Project Management: Designing Effective Organizational Structures [M]. London: BlackWell Publishing Limited, 2002.

[134] 薛晓芳, 覃正. 虚拟企业生态系统的进化机制研究 [J]. 生态经济: 学术版, 2008a, (5): 238 – 241.

[135] 薛晓芳, 覃正, 韩刚. 基因组方法在虚拟企业组织优化中的应用研究 [J]. 华东经济管理, 2008, 22 (7): 116 – 119.

[136] 薛晓芳，覃正．基于基因组方法的虚拟企业组织优化研究 [J]．科学学与科学技术管理，2008b，29（10）：153-158.

[137] 薛晓芳，孙林岩，霍晓霞．多种群协同进化策略下的虚拟企业基因重组 [J]．运筹与管理，2009，18（3）：138-143.

第3章

虚拟物流联盟的形成动因

本章旨在探讨物流企业在走以中间组织形式为主的合作联盟道路过程中，最终选择虚拟物流联盟的深层次原因。主要从两个方面进行分析：首先从物流产业环境、产业内竞争环境和物流企业三个层面分析在当前产业环境驱动下物流企业合作的内外动因；其次，研究物流企业合作方式的选择问题，指出物流企业从物流联盟的出现到呈现虚拟化倾向，再到虚拟物流联盟形成的必然性。

3.1 物流企业的合作动因

3.1.1 产业环境驱动下的物流企业合作动因

现代物流技术最早起源于20世纪40年代，它的出现为世界经济带来了新的管理模式、管理手段和发展空间。到20世纪80年代以后，随着社会经济的高速发展，现代物流产业所面临的经济、社会环境发生了深刻的变化，这在客观上促进了物流企业之间合作关系的发展。具体而言体现在以下方面（张静芳，2005）[1]。

（1）经济规制的缓和使经济自由的空间越来越大，真正意义上的物流竞争和合作开始广泛展开，从而为物流产业的进一步发展提供了广阔的空间。就我国而言，已经有相当数量的国外物流企业进入国内开展业务，这将会为我国物流企业带来新的发展机遇，具体而言：一是贸易壁垒降低，促进了国内统一市场的形成，加速了我国参与国际分工和全球经济一体化的进程，为我国物流业的发展提供了持续扩张的市场空间；二是由于我国在劳动力成本和原材料供应方面的比较优势，以及巨大的市场前景，许多跨国公司将我国作为世界制造中心，但他们又不可能带来全套物流系统，这无疑会增加我国物流市场新的需求；三是国外物流企业纷纷以各种方式进入我国物流市场，一方面给我国物流企业增加了竞争压力，另一方面带来了先进的理念、经验、技术和合作的机会，这必将对我国物流业的发展产生深远的影响。

（2）信息技术的革新，使物流一体化成为了可能。面对日益激烈的市场竞争和迅速变化的市场需求，为客户提供完善的增值服务，满足客户复杂的个性化需求将成为现代物流企业生存和发展的关键。物流企业的服务范围将不仅限于一项或一系列分散的外协物流功能，而是更加注重客户物流体系的整体运作效率与效益。规模化效益已经成为决定物流企业存亡和物流产业兴衰的关键因素，资源的管理与不断优化将成为现代物流企业生存和发展的核心服务内容。物流企业与客户的关系将越来越多地体现为一种风险共担的战略合作关系，而不仅仅是一般意义上的服务关系。在相当长的一段时间里，物流产业的发展趋势集中在物流企业与供应商、客户之间的联合和流程重构上，以形成物流业发展所必需的规模效益，也就是要实现供应链的优化和物流产业的一体化运作。在物流一体化发展过程中，物流企业的发展应经过以下两个过程：一是物流产业发育初期，小型物流企业纷纷建立，形成物流企业林立的局面；二是随着电子商务和网络信息技术的发展，在市场、成本与服务等外在压力的促使下，物流企业开始基于信息共享形成合作关系。

（3）企业合并和市场集中化的发展，使得社会经济结构发生了深刻的变革，这种变化客观上要求物流企业必须联合起来，以较低的成本提供高质量的服务。我国的经济结构伴随着工业化进程呈现出明显的由低级到高级、由严重失衡到基本合理的变动趋势。企业的合并、合作及改组步伐加快，市场集中化程度大幅提高，以新兴产业淘汰落后产业、以高新技术改造传统产业为基本内容的产业结构调整，成为我国经济发展的重要推动力。产业结构的日趋合理和优化，特别是快速发展的第三产业，带动了交通运输仓储业和批发零售贸易等流通业的发展。其中一些发展较好的物流企业开始承担跨国公司的物流业务，为其提供专业化、社会化、优质的物流服务，有效地降低了企业、社会物流运作成本。而一些实力较弱的中小型功能单一的物流企业，在市场需求提出更高要求的情况下，为了获得生存和发展空间，在利益驱动下能够自愿结成联盟关系，以期降低成本或提高服务质量。

（4）经济全球化的发展，促使物流企业开始进行跨区域的合作，以便可以更高效地为更大范围的客户提供物流服务。经济全球化的发展使得现代物流开始了全球性发展。国外物流企业开始进入我国的物流市场，与此同时我国的物流企业也开始了国际化运作，如中远集团、中储集团、中外运集团等。物流企业在进行全球性发展的过程中，为了消除区域经济壁垒，必须与本土企业进行跨区域合作。在早些时候由于地域限制而导致的信息沟通的高成本和低效率是阻碍物流企业间跨区域合作的一项重要障碍。网络信息技术的发展使得市场交换中信息搜寻、协作分工的交易成本大大降低，信息可以实现即时送达，将区域障碍降低到非常低的程度。信息技术和网络的广泛应用，打破了时间和空间对经营活动的限制，为跨地区合作关系的发展提供了新的手段和条件。

3.1.2 物流产业内竞争环境驱动下的企业合作动因

物流企业之间合作关系的发展不仅是产业环境驱动的结果，同时也是物流产业内竞争环境驱动的结果。物流产业内的竞争态势和竞争结构在一定程度上加速了物流企业之间的资源整合。

（1）物流产业的竞争态势。目前，我国物流产业内的竞争十分激烈。由于国内物流市场刚起步，缺乏公认物流服务标准，企业之间彼此的经营能力差别不大，竞争的焦点主要集中在企业规模、服务区域和服务种类上，这是一种粗放的增长方式的竞争格局，因此综合性的物流机能成为物流企业竞争的关键。另外，由于我国的物流企业并非完全意义上的新产业，大部分是从原来的储运企业转型而来，企业的技术和管理水平不高，企业内尚未形成核心的竞争力。因此，在物流竞争中，国内巨头倚重的显然是自身经营多年的网络和实体建设，如中国邮政等。这种竞争格局，迫使我国的物流企业需要通过合作方式，互相学习，迅速提升综合物流能力，才能在我国的物流市场中占据一定的物流份额。

（2）物流产业的竞争结构。根据物流机能的整合程度、企业的资产结构、企业的服务范围可将物流企业分为综合型、专业型和代理型三类（戴勇，2002）[2]。大型综合类物流企业的特点是物流机能全面，整合度高，服务范围广泛，拥有较雄厚的资产，能提供一站式的、一体化的综合物流服务，能应对复杂多样的物流需求。而专业型和代理型属于中小型物流企业，它们无论从物流服务，还是从资产规模、服务地域来讲都明显逊色于大型物流企业。目前，我国的物流产业是以中小型物流企业为主体，由于中小型物流企业本身不能独立提供全程一站式的物流服务，物流服务水平不高，声誉方面缺乏足够的可信度，因而物流服务的竞争力不强。同时，由于资产规模较小、服务地域不宽，使它们在我国物流产业的扩张中处于劣势。但是这些中小型物流企业由于集合了专业性物流公司的专业化物流机能和物流代理企业的组织协调的柔性化的综合物流能力，所以从构成上具备了形成一体化综合物流的能力。而我国物流产业内的大型物流企业同样存在着相比国外物流企业综合物流能力不足的问题，因此从战略上来讲，结合两类企业核心专长，形成合作联盟是一个较好的选择。

3.1.3 物流企业合作的内在动因

物流企业合作的动力不仅来源于物流产业环境和企业竞争环境的外部驱动，而且还来源于物流企业内部。外部因素主要有工业化的成长、市场机制的发展和技术进步等；内部因素主要是物流企业不断追求高效率的组织结构，以降低运作成本。

物流企业之间合作关系的发展是组织结构不断优化的结果。由企业组织结构决定的运作成本的高低是权衡物流企业效率高低的重要因素。为了适应外部环境的变化，物流企业不断追求高效率的组织结构，以降低运作成本。物流企业组织结构优化的过程是物流企业不断适应外部经济环境与降低运作成本，从而建立高效的物流企业组织的过程。物流企业扩张的最优边界出现在物流企业组织的边际管理成本与市场交易成本相等的情况。在传统的物流企业模式下，由于市场交易成本与协调成本较高，物流企业纷纷扩大规模，以此来增加企业效益。而电子商务的发展，使企业之间的交易成本、协调成本降低，激烈的市场竞争使物流企业认识到要适应瞬息万变的市场和满足消费者的个性化需求，就必须建立广泛的物流企业间的合作机制。因此，发展物流企业合作关系是现代物流企业组织结构优化的必然趋势（董雷，2008）[3]。具体而言体现在以下方面。

（1）在物流企业规模不变的状态下，通过寻求外部合作资源，实现利润最大化。传统物流企业为了开展经营活动，往往期望在涉足的物流各环节均拥有优势，结果使得物流企业的规模过大或者由于追求效益而盲目扩大规模，这样会造成物流企业对外界反应的迟钝。而电子商务技术的发展，使得物流企业可以利用自身优势，通过外部联合，寻找具有资源互补优势的伙伴组成合作联盟来共同响应市场机遇，在不需扩大规模、增加成本的情况下，实现利润最大化。

（2）合作伙伴的自由选择，增强了物流企业的规模竞争优势。网络信息技术可以使交易成本、协调成本降低，使得物流企业可以在不受时空的限制下，按照优势互补的原则自主选择合作伙伴，因而组建起来的物流企业合作伙伴成员都具有自身的技术、服务、渠道和管理等方面的竞争力，成员企业的竞争优势整合在一起，就能使物流企业具有强大的规模竞争优势。

（3）组织柔性化的要求在客观上促进了物流企业合作关系的发展。物流组织的柔性体现在成员企业之间的组织结构上。当一个物流企业参与某一物流任务时，它还可以同时参与其他的物流任务，与其他物流成员企业建立合作关系，这并不会影响到该项物流目标的实现，并且当合作目的达到时，组织成员的合作关系便宣告解除。

3.2 物流企业合作方式的选择

3.2.1 物流联盟的出现

面对复杂多变的市场环境和有限的企业资源，为了适应物流经营的全球化和物流服务的综合化趋势，越来越多的物流企业开始对其发展战略进行思考。通过联盟方式建立合作伙伴关系，共同承担物流业务成为了多数物流企业的发展战略，尤其是中小型的物流企业，纷纷组建各种物流联盟。据联合国跨国公司研究中心的统计，到 20 世纪 80 年代中期以后，战略联盟已成为了物流企业的主要竞争手段。与此同时，整合物流资源，组建物流联盟，为客户提供一体化的综合物流服务，也已经成为了推动物流产业健康发展和提升物流企业国际竞争力的必然选择。作为物流业的重要生产组织模式，物流联盟模式近年来在我国也得到了一定程度的应用。如：上海物流专线联盟、北京丰台物通天下、河南物联盟有限公司等。

采用物流联盟形式具有两种优势（田宇，朱道立，2000）[4]：一是节约了交易成本，物流联盟属于一种双边治理结构，这种治理结构适用于具有中高程度资产专用性、次数多、风险大的物流交易，它能在交易过程中大量节约交易成本；二是具有组织和市场双重的中间组织优势，物流联盟这种中间组织形式能够发挥一体化治理结构的优势，避免交易中的盲目性，有利于提高双方对不确定环境的应变能力，同时，结成中间组织的联盟各方在相互合作中仍保持相对的独立性，能够克服市场失灵。具体而言有如下方面。

1. 节约交易成本的制度安排

从交易过程、交易行为和交易特性等领域所产生的交易成本，增加了行为主体在经济运行中的成本，为节约交易成本，物流联盟作为一项有效的制度安排而产生。

从交易过程来看，物流联盟的建立，有助于交易成本的降低。通过与物流合作伙伴之间的频繁沟通与合作，可使物流企业搜寻交易对象的信息成本大为降低；同时，在提供个性化的物流服务过程中建立起来的相互信任和承诺，也可减少各种履约风险；即使在服务过程中产生冲突，也因为物流合约的签约时期较长而可通过协商加以解决，从而避免讨价还价以及诉讼发生的相关成本。

从交易行为来看，物流联盟的建立将有助于促使合作伙伴之间的“组织学习”，从而提高双方对不确定环境的认知能力，减少因交易主体的“有限理性”

而产生的交易成本；同时，联盟企业之间的长期合作将在很大程度上抑制交易双方间的机会主义行为，因为一次性的背叛和欺诈在长期合作中会导致“针锋相对”的报复和惩罚，面临着逆向选择的高昂代价，从而能够将因为交易双方的机会主义行为而带来的交易成本控制在较低水平。

从资产专用性、交易不确定性和交易频率等交易特性来看，也促使企业建立物流联盟，进行战略性合作。

(1) 资产专用性是最为重要的交易特性。资产专用性越高意味着投资所带来的“沉没成本”就越高，因此交易双方保持契约关系的连续性就显得特别重要。在这种情况下，联盟的建立以及对专用性资产的“共同占有”就成为了解决这一矛盾的有效选择。

(2) 交易的不确定性与交易主体的有限理性和机会主义行为密切相关。交易双方不可能洞察未来的一切变化，因此也不可能预先将要发生的变故在契约中设置条款。而通过联盟组织代替市场交易，可以有效避免因为交易双方信息不对称而产生的机会主义行为。

(3) 交易频率越高意味着双方的交易量越大且交易经常发生，由此会产生较高的交易成本。因此，通过寻求一种有效的组织安排来消除频繁交易带来的负面影响就显得非常必要。而物流联盟作为一种长期的契约安排，其单位交易成本有减少的趋势。

2. 兼具市场和组织双重优势的中间组织

物流联盟不仅是为克服市场和组织失灵而进行的制度安排，而且是有效利用组织和市场双重优势的一种组织创新。物流联盟是企业双方在物流领域的战略性合作中进行的有组织的市场交易，因而能利用组织化优势，有效节约市场交易成本。

(1) 避免交易中的盲目性，减少信息搜寻成本。

(2) 通过建立一定的交易程序和惯例，降低交易过程中讨价还价的成本。

(3) 通过企业间的组织协调，不仅能有效节约交易过程中的监督执行成本，而且交易双方将自觉抑制各自的机会主义行为。

(4) 有利于提高交易双方对不确定环境的应变能力，降低由此带来的交易风险。

同时，联盟企业在组织协调交易的过程中，仍保持各自的相对独立性，从而可以避免一体化组织中的僵化失灵而产生的组织成本。

3.2.2 物流联盟的虚拟化倾向

从物流联盟的发展历程来看，联盟的最初形态是企业间紧密的链式合作关系。随着市场竞争的加剧以及信息技术、电子商务的发展应用，联盟之间的信息传递更为高效，协作成本大为降低，物流组织间的信息沟通、传播更为迅速及时，使企业可以跨越边界进行广泛的合作（欧阳峰，2005）[5]。于是，企业在完善自身功能和获取更多市场机遇的驱动下，不断选取新的合作伙伴或加入新的联盟。企业间合作关系的拓展，使得联盟由传统的链式结构开始转变为网状结构，联盟成员的关系出现了网络化、虚拟化的趋向。

进入21世纪，物流的虚拟化趋势已成为了现代物流需求的首要目标和物流行业的发展方向。虚拟物流这种先进的物流管理方式在国外得到了广泛的应用。如美国太阳微系统公司，于1999年与美国USCO物流共同建立了虚拟物流网络（VLN），使安装零件的周期由原来的40天降到了3天，并因此使USCO获得了2000年年度仓储管理奖；再如为了有效管理在途物资及提供更好的物流服务，伊斯门化学品公司与全球物流技术公司，于2000年共同组建了一家运输化学品的虚拟物流公司。由于虚拟物流具有信息化、自动化、网络化、知识化、弹性化和高效化等特点，使得物流企业突破了企业资金、规模等方面的限制，达到了快速扩张的目的；同时也使得物流企业突破了现有资产、技术和市场壁垒，高效地实现了流程重组，从而可以为顾客提供多元化的物流服务。

物流联盟的虚拟化倾向是由物流联盟成员的增多和成员关系的网络化造成的（戴勇，2002）[2]。在非股权的物流联盟中，随着合作者的大量增加及成员关系的复杂化，联盟结构经常被重新安排。紧密的链式合作关系被松散的动态联盟关系替代，传统的组织边界逐渐被打破。只有当某个市场机遇需要某几个企业共同完成时，这些企业才迅速恢复紧密协作关系，共同完成任务。一旦任务完成，企业重新回归松散型联盟关系。在这一形态下，合作关系表现出了虚拟化的特征。因此，在本质上物流联盟的虚拟化主要是由联盟内部的结构变化引起的，其根本原因主要体现在以下两点（张庭发，2006）[6]：

（1）物流联盟成员数量的增多。物流企业之间的联盟大都是建立在价值链互补基础上的物流业务的合作，因此在客户一站式物流服务的要求下，传统的单对单的联盟协议有伸展、延长的趋势，一种可能是重新选择物流伙伴，实现更多的价值链整合；另一种可能是引入新的合作者，重新构造物流联盟合约。在物流企业之间物流功能相对单一的情况下，更多的物流联盟采用了后一种延伸方式，使得物流企业之间形成的非股权联盟的成员数量不断增多。

（2）物流联盟成员关系的网络化。成员数量的增多给非股权联盟的虚拟化倾向提供了基础条件，但更重要的还是成员结构关系的变化直接导致了虚拟化经营的要求。在非股权联盟中，每个结盟伙伴的关系是点对点的，这是一种典型的链式关系，即顺着供应链的沿展构建合作关系。其后，随着合作成员数量的增多，逐渐形成了多维的联盟合作关系。此时，成员之间的信息传递不再依靠简单的链路，而是出现了传统的信息沿展传递，尤其与联盟的核心企业之间的信息传递形成了一种网状的交互结构，这就使得传统的层级链状的物流联盟结构因信息交流方式的多重化而向网络化方向发展。

物流联盟出现虚拟化倾向的另外一个原因是物流业务的任务导向。在通常情况下，联盟中的物流企业根据各自的专业化优势从事物流业务。一旦特定的物流任务发生，这些功能呈离散状态，且分布在不同空间的物流企业就会通过信息技术的交互作用，在网络组织的协调下实施物流业务。基于任务的物流业务的实现，要求在每次物流任务出现时对物流业务伙伴进行重新选择，这也就意味着在某次物流业务的执行过程中，某些合伙企业会因任务的特殊性而退出实际的运作联盟，同时还会有新的合伙企业进入联盟。这样联盟的动态性就会导致联盟边界的不固定，实体的非股权联盟的边界将逐步扩大以致淡化。由此可见，物流联盟更多体现在各组成成员的专业性、离散性和合作的无形性，这些物流联盟的特征符合了虚拟企业的特点，因此构成了物流联盟的虚拟化倾向（张庭发，2006）[6]。

总之，经济全球化和市场专业化发展趋势，驱使现代企业以最优的资源配置方式将自身企业的部分功能、结构加以分解，分布到更具有竞争优势的企业中，并以虚拟组织的形式提供一体化的物流服务。物流联盟的虚拟化实质上是企业与企业之间合作功能的虚拟（肖渡，沈群红，2000）[7]。

3.2.3 虚拟物流联盟的形成

物流联盟和虚拟物流企业这两种模式除了具备中间组织优势外，两者之间还可以形成一种很强的互补性，即以虚拟物流联盟的形式加强并扩展综合型物流执行主体的能力，为与综合型物流企业结盟的需求方提供个性化的、优质的物流服务。虚拟物流联盟由虚拟物流企业和物流联盟的网络组织两者共同构成（戴勇，2002）[2]。首先由资源互补性的物流合作伙伴构成的网络结构形成物流联盟的基础；当出现特定的物流任务时，虚拟物流联盟的构建者根据具体的物流业务的要求，从物流联盟的网络组织中选择适当的成员组建虚拟物流企业；一旦物流任务完成，该虚拟物流企业就宣布解散，虚拟物流企业成员重新回到网络组织中去。

由此可见，由物流联盟组成的网络组织是虚拟物流企业的孵化器（戴勇，2002）[2]，它为虚拟企业的形成提供了组织保障。物流联盟成员通过在组织网络中不断学习，逐步形成了相对默契的合作关系。如果平时没有好的合作基础和经验，虚拟物流企业很难在特定的时间，选择恰当的合作伙伴，对市场机遇做出快速响应。

1. 构建虚拟物流联盟的目的

构建虚拟物流联盟的根本目的是在低风险水平下实现跨区域的物流服务，最大化物流服务产品的效用，增强物流企业的市场竞争力（Hoogeweegen et al.，1999）[8]，具体而言，虚拟物流联盟的构建是以下因素共同作用的结果（王宏伟，2008）[9]。

（1）成本最小化

在给定物流任务的情况下，物流企业可以有三种选择：一是全部物流产品由自己提供；二是转包给其他专业性物流企业；三是与其他合作伙伴共同提供。但是一项完整的物流活动通常是由包括物流基本功能和多项增值功能组成的价值链环节构成，单个企业不可能在所有环节上都占有优势，内部化所有物流功能是不经济的。同样，由于市场中存在着不完全竞争、信息不对称、不确定性和机会主义行为等因素，全部转包的交易成本和风险也非常高。这时，物流企业可以利用虚拟物流联盟，这种半结合的组织形式，在保持较低组织成本的基础上，大幅度降低市场交易成本，使物流活动在低成本的基础上进行。

（2）获取互补性资源

企业是一种资源的集合体，不同企业所拥有的资源具有异质性，尤其是战略性资源，因其独特性而很难被模仿。物流企业要想通过内部化获得发展战略所需要的资源，比如专业人才、专业技术、专门设备和设施、营销网络和信息资源等需要付出高昂的代价，而且往往也是不经济的。这些异质性的资源在不同的企业之间具有较强的互补性，但在不同企业之间是非完全流动的。因此，采取虚拟物流联盟的形式来实现与其他企业集聚、分享或交换这些资源，就成为比较现实的选择。从这个角度来看，虚拟物流联盟是企业间资源整合的结果，是企业寻求更好实现资源价值和优化资源边界的努力。

（3）组织学习

知识作为一种重要的战略性资源，它的转移特别是隐性知识的转移是比较困难的，而且传递成本也很高。因此，对知识资源的识别、获取、学习和掌握就成为了企业创造价值的重要基础。现代物流的发展需要更多地依赖于先进的物流技术和管理经验等知识资源。构建虚拟物流联盟，创造一个便于知识分享、转移的环境，可以有效促进企业核心资源的扩充乃至更新，为物流企业建立持久的竞争优势。

（4）追求价值链优势

为了实现企业战略目标，物流企业需要不断创造价值，并最大化产品效用。物流企业在价值创造过程中遵循“效益悖反”原理，个别环节的最优并不意味着价值链整体的最优，有时甚至会产生相反的结果。物流企业的价值链是由物流系统开发、设计、规划以及运输、仓储、配送、装卸、流通加工、信息处理等多环节活动组成的。物流企业不可能在所有这些环节都占有优势，它所要做的是控制价值链工具有战略重要性的关键环节，而把不具有比较优势或非核心的环节外包出去，与其他合作伙伴共同实现整个价值链的价值创造过程。物流价值链就是在不断的分解与整合过程中实现了组织创新。因此说，建立虚拟物流联盟的一个重要目的就是不断追求价值链优势。

2. 基于交易成本理论的形成机理分析

用交易成本理论可以很好地解释虚拟物流联盟的形成动因：当节约的物流企业之间的交易成本大于增加的成员企业之间管理成本时，就产生了虚拟物流联盟形成的空间。所谓交易成本，指的是在传统合作模式下由于市场的不完善和与此相关的机会主义行为导致的协商谈判和履行协议所需的各种资源，即市场缔约成本。对物流企业而言，主要是指物流合同及其比较价格发现的信息成本、招投标成本，承包合同的协商、谈判、违约索赔而发生的成本，保证合同履行的协商成本以及总、分包协作单位间的交易成本等。而节约的交易成本是指物流企业应用网络信息技术进行合作伙伴选择、协商、谈判以及进行组织结构设计和运作流程优化等活动与传统合作模式相比较所节约的成本。所谓管理成本，实际上是指物流企业之间的合作关系成本。虚拟物流联盟的形成是以建立一种以契约关系为特征的虚拟物流企业。增加的成员企业管理成本是指在虚拟物流企业的运作过程中需要对成员企业进行协调和管理与传统合作模式相比较所需要增加的成本，包括代理成本、集体决策成本和风险成本（李松，王五祥，2006）[10]。

李松和王五祥（2006）基于交易成本理论研究了虚拟物流企业的动力模型和动力机制，得出虚拟物流企业产生的根本动力来源于“企业战略联盟”带来的市场化交易成本的降低[10]。董雷（2008）运用交易成本理论对虚拟物流企业形成的动力进行分析，得出虚拟物流企业的效率边界由虚拟物流企业的生产性成本和组织协调成本与整体收益三者的比较决定。他运用交易成本理论分析了虚拟物流企业的形成动因和效率边界问题，并得出如下结论[3]：

（1）虚拟物流企业是由物流企业通过契约建立起来的动态物流企业联盟，

其本质上是一条由各个物流企业贡献自己核心能力而组成的价值链。

（2）物流企业实施虚拟化的根本动因在于降低物流服务的成本，通过契约建立起来的虚拟物流企业降低了成员企业间交易成本，推动了物流企业以虚拟物流企业的形式参与更多的服务与合作，从而获得更多的规模经济效益。

（3）虚拟度扩大带来的虚拟物流企业生产性成本节约、组织成本增加和整体收益的增加三者之间的平衡决定了虚拟物流企业的效率边界。信息技术和网络技术的应用极大地降低了物流企业间协调与组织的成本，为虚拟物流企业组织形式的发展提供了条件，从而改变了虚拟物流企业的效率边界，促进了虚拟物流企业在网络经济时代的发展。

本章小节

随着社会经济的高速发展，现代物流产业所面临的经济、社会环境发生了深刻的变化，这在客观上促进了物流企业之间合作关系的发展。与此同时，物流产业内的竞争态势和竞争结构在一定程度上加速了物流企业之间的资源整合。物流产业环境和企业竞争环境的驱动是物流企业合作的外部动因，物流企业合作的根本动力来源于物流企业内部，是物流企业不断追求高效率组织结构的结果。

物流企业合作的最初形态是合作联盟。为了适应物流经营的全球化和物流服务的综合化趋势，越来越多的物流企业开始通过联盟方式建立合作关系。物流联盟的出现不仅节约了物流交易成本，而且可以具备组织和市场双重中间组织优势。但是随着企业间合作关系的拓展，使得联盟由传统的链式结构开始转变为网状结构，联盟成员的关系出现了网络化、虚拟化的趋向。物流联盟的虚拟化倾向一方面是由物流联盟成员的增多和成员关系的网络化造成的；另一方面是由物流业务的任务导向性决定的。物流联盟的虚拟化实质上是企业与企业之间合作功能的虚拟。物流联盟和虚拟物流企业具有很强的互补性，即以虚拟物流联盟的形式加强并扩展综合型物流服务能力。当节约的物流企业之间的交易成本大于增加的成员企业之间管理成本时，就产生了虚拟物流联盟形成的空间。

参考文献

[1] 张静芳. 中国现代物流产业发展的宏观环境分析与研究［D］. 西安：长安大学，2005.

[2] 戴勇. 虚拟物流企业联盟的构建与管理［D］. 上海：上海海运学院，2002.

[3] 董雷. 虚拟物流企业合作关系问题研究 [D]. 北京: 北京交通大学, 2008.
[4] 田宇, 朱道立. 物流联盟形成机理研究 [J]. 物流技术, 2000 (2): 34-36.
[5] 欧阳峰. 信息时代的组织变革 [M]. 北京: 经济管理出版社, 2005.
[6] 张庭发. 虚拟物流企业联盟的成因及性质分析 [J]. 现代物流, 2006 (12): 41-42.
[7] 肖渡, 沈群红. 知识时代的企业合作经营 [M]. 北京: 北京大学出版社, 2000.
[8] Hoogeweegen M R, Teunissen W J M, Vervest P H M, et al.. Modular Network Design: Using Information and Communication Technology to Allocate Production Task in a Virtual Organization [J]. Decision Sciences, 1999, 30 (4): 1073-1103.
[9] 王宏伟. 虚拟物流联盟稳定性及其提升策略研究 [D]. 西安: 西安理工大学, 2008.
[10] 李松, 王五祥. 基于交易费用理论的虚拟物流企业形成机理研究 [J]. 物流科技, 2006, 29 (133): 92-94.

第4章

虚拟物流联盟的组织模式

组织模式是虚拟物流联盟成功运行的基本保证。单纯运用某一种虚拟企业的组织模式框架，都不能满足虚拟物流联盟的实际需求。本章尝试在生命周期的基础上，针对虚拟物流联盟的动态特点，探索适合虚拟物流联盟不同发展阶段的组织模式及其组织结构。并对有物流整合商参与的虚拟物流联盟组织结构进行重点探讨。

4.1 基于生命周期的虚拟物流联盟组织模式选择

虚拟物流联盟不是独立的法人实体，这就决定了其组织模式不可能也不应该采用传统的组织模式。目前有关文献多数是基于静态视角来研究虚拟物流联盟的组织模式。事实上，虚拟物流联盟是一个动态的组织，在其运行过程中会不断有企业加入或退出。在不同的发展阶段，各成员企业的地位、相互关系和行为随时都在发生变化，因此，组织模式也需要进行动态调整。

4.1.1 虚拟物流联盟组织模式的类型

通常的虚拟物流联盟的组织模式可以分为星型模式、平行模式和联邦模式三种典型的类型，另外，还有中介模式和主从模式两种类型。

1. 星型模式

星型模式（Star-like Mode），又称盟主模式，该模式一般由一个占主导地位的物流企业（盟主）和一些具有相应核心物流能力和资源的伙伴企业构成。盟主企业是虚拟物流联盟的主体，负责联盟的构建和管理工作。盟主企业的管理职能贯穿于组织运作的始终，因此属于盟主决策的组织模式。首先，盟主企业利用自身在行业中的优势地位，迅速识别出物流市场机遇，并根据自身实力把握住市场机遇；然后，由盟主企业负责并完成物流总目标的分解及运行规则的制定。不仅如此，在组织运作过程中，还要由盟主企业负责内部协调、资源整合、战略决策等工作。在星型模式下，虚拟物流联盟的其他成员分别处于不同的地域，保持各自的独立性，它们接受盟主企业的领导，并利用自身的资源优势，通过辅佐盟主企业，获得自我发展的机会。当合作伙伴之间发生冲突时，由盟主企业负责做出仲裁。星型模式的组织成员之间关系比较松散，盟主企业与各成员企业通过契约联系在一起，而其他成员企业之间并没有直接的联系。

在星型模式下，虚拟物流联盟的构建和管理工作主要由盟主企业来完成。因此，成员企业易于形成统一认识，这种强大的整合效应会有利于联盟整体战略以及竞争优势的形成。另外，依靠盟主企业的市场影响力，虚拟物流联盟不仅会具有较好的稳定性，而且可以长期拥有稳定的客户群。但是，这种模式极易受盟主企业经营管理理念的影响，一旦盟主企业出现失误就会带来联盟整体的失败。同时，这种组织模式对盟主企业的组织领导能力提出了较高的要求，盟主企业面临较大的管理压力，因而适用于有单一物流整合商参与的虚拟物流联盟。可以作为物流整合商的，一般是竞争优势明显，有足够实力维系已有市场和顾客群的知名物流企业。

2. 平行模式

平行模式（Parallel Mode），又称民主联盟模式，该模式中不存在占主导地位的盟主企业，而是由地位平等，拥有不同的资源和核心能力，能够独立完成物流需求的联盟各方组成。由于参与方的独立性较强，需要通过共同协商完成虚拟物流联盟的组织与管理工作，因此属于共同决策的组织模式。在平行模式下，各参与者处于平等的地位，它们在保持自身独立的同时，为虚拟物流联盟贡献出自己独特的核心能力和资源。由于没有盟主，这种模式主要通过自我调节功能的实现，即各成员企业自由地进行信息流、物流的交换，来参与运行，创造价值，因此该模式高度依赖网络信息技术的发展。平行模式强调成员价值的发挥，任何成员的核心能力都会影响整个联盟的组织运作。它一般要求各成员企业对市场变化有敏锐的洞察力与准确的预测力，并能迅速把握市场机遇。整个组织实行自我管理，管理的重点集中在伙伴关系、协调以及风险控制上。

在平行模式下，所有的参与者在平等的基础上相互合作，但由于各参与方关系复杂，参与各方没有绝对意义上的平等，难以避免有限理性带来的契约风险和机会主义现象。因此，平行模式是一种较为理论化和理想化的组织模式。

3. 联邦模式

联邦模式（Federation Mode）是最常见的一种虚拟物流联盟组织模式。该模式是在平行模式的基础上，增加了一个类似协调指挥委员会（Alliance Steering Committee，ASC）形式的协调机构，对联盟的物流资源和技术实行统一管理和计划，因此属于参与决策的组织模式。该模式呈双层结构，由若干骨干企业构成联盟核心的紧密层，以知识、项目、产品或市场机遇为中心，选择合作企业形成联盟外围的松散层。为实现虚拟物流联盟的战略目标，ASC以并行方式分解物流任务，将合作伙伴中实现某种职能所具有的所有资源和能力集成在一起，形成以职能为中心的集成任务模块，如运输模块、仓储模块、装卸模块、配送模块等，各模块间平等合作，共同完成整个任务流程。集成任务模块可以由包括核心企业和外围企业在内的所有合作伙伴共同构成，也可以由某个企业独立承担。

联邦模式的主要优势在于组织灵活，便于不同伙伴之间的指挥和协调。由于ASC的存在，使得各成员企业都参与到虚拟物流联盟的管理中来，不仅调动了各方的积极性，而且使得各成员对虚拟物流联盟的整体情况有较全面、系统的了解，对于明确总体物流目标及各自需要完成的物流任务都有重要作用。但是联邦模式中的ASC成员全部来自虚拟物流联盟，因此，很容易忽略那些潜在的、更具优势的伙伴企业，不利于联盟的自我更新；同时也容易导致ASC决策的客观性变差，监督机制减弱。

4. 中介模式

中介模式（Mediator Mode）是星型模式的一种特殊类型，它是由具有一定的权威性，能够准确把握市场机遇，并对物流企业、物流技术及物流需求等有较全面了解的中介机构来组建虚拟物流联盟，制定运作规则，协调各合作伙伴之间的关系。中介组织模式适用于以下两种情况（岳意定等，2008）[1]：一是某企业发现了市场机遇，但它并不具有响应这一机遇的核心物流能力，或者即使拥有相关核心物流能力，却没有实力或权威能够号召或者组织起以它为核心的联盟组织，只能委托中介机构来完成；二是中介机构发现了市场的潜在需求，但它自身既不具备核心物流能力，也无物流设备，更无专门的物流人员，因此它们会利用自身的有利条件来组织联盟以满足市场需求。

5. 主从模式

主从模式（Principal-subordinate Mode）适用于复杂的物流项目。虽然虚拟物流联盟强调平等合作，但并不意味着所有成员企业的地位都是相同的，由于核心能力等因素的不同，在联盟的整体运行中，不同成员企业的地位还是会有所差别，这是主从模式产生的原因之一。这种模式由两层以上的联盟组织构成，主联盟是整个虚拟物流联盟的核心。首先，由主联盟根据市场需求，对总体物流目标进行初步分解，以明确各成员需要完成的物流子任务；其次，根据构成主联盟的各成员企业的物流任务与要求，再组建相应的从属联盟，这些从属联盟服从主联盟中相应企业的安排。同样，从属联盟的成员也可以根据需要组建次级从属联盟。主从模式的成员企业之间可能是一对一、一对多和多对多的关系，这样虽然有利于完成复杂的物流任务，但实现和管理起来比较复杂，不同层次之间的沟通和信息共享会存在一定程度的障碍。

4.1.2 不同生命周期阶段的虚拟物流联盟对组织模式的要求

虚拟物流联盟的生命周期可以划分为机遇识别、组织创建、动态运作和解体四个阶段，在生命周期的不同阶段虚拟物流联盟的主要任务及对组织模式的要求不同，因而较适宜采用的组织模式，包括组织结构和组织行为亦不同。具体而言体现在如下方面。

1. 不同生命周期阶段对组织结构的要求（岳意定等，2008）[1]

（1）虚拟物流联盟在机遇识别期主要是识别、评估物流市场机遇，并选择适当的机遇进行组织实施，因此组织结构要有利于虚拟物流联盟的组织模式的实现。

（2）组织创建期的主要任务是伙伴的选择和基础设施的建设，这一阶段的组织结构要有利于核心能力的充分发挥和物流资源的统一计划与调动。

（3）动态运作期的主要任务是物流作业的协调与分配，其组织结构既要有利于联盟整体的资源整合，也要有利于企业之间信息的高速传输与广泛共享。

（4）解体期的组织结构要能保证成员企业的利益分配。

2. 不同生命周期阶段对组织行为的要求（岳意定等，2008）[1]

虚拟物流联盟的管理贯穿于组织运行的整个过程，所处的生命周期阶段不同，要求管理者的领导风格也不尽相同，因为不同的管理模式会影响到联盟内部企业间沟通的方式和权限的划分。

（1）在虚拟物流联盟的机遇识别期，要求管理者具有较强的决策和号召力，能准确把握市场机遇，并及时组织联盟的实施。

（2）在虚拟物流联盟的组织创建期，要求管理者具备足够的风险承担能力，能够在合作伙伴选择、组织设计、基础设施建设过程中合理规避风险。

（3）在虚拟物流联盟的动态运作期，在联盟的初期运作阶段，管理者要负责物流工作模块的分配与管理工作。这一阶段的组织模式既要有利于强化联盟的管理，又要有利于营造良好的沟通环境，增强合作企业相互间的信任。当虚拟物流联盟进入进化阶段，联盟的物流作业活动日益复杂，合作过程中不断有企业加入与退出，管理对象的构成日趋复杂化，管理者从事的领导活动的时空跨度也越来越大，这就要求管理者能够正确处理联盟与所处环境要素之间的相互关系，并运用系统的观点进行整体分析、诊断和解决组织面临的复杂问题，使联盟成员能够进行全面沟通，并运用自我调解机制妥善解决发展中遇到的问题。

（4）在虚拟物流联盟的解体期，除了维持日常的工作外，管理者的主要工作就是使各成员能够按协议进行利益分配。

4.1.3 不同生命周期阶段的虚拟物流联盟组织模式选择

在虚拟物流联盟生命周期的不同阶段，占主导地位的核心能力及联盟的主要任务等的不同决定了虚拟物流联盟不应自始至终采用一种单一的组织模式，而应该进行动态调整。具体而言，在虚拟物流联盟的机遇识别期、组织创建期、动态运作期和解体期适宜选用的组织模式如下：

（1）虚拟物流联盟机遇识别期的组织模式。在机遇识别期，要求组织者对将要实施的市场机遇有充足的了解，并且具备强大的号召力，能够吸引合作伙伴加入到联盟中来，认可联盟的目标并对联盟的未来充满信心。能够担当此角色的通常都是一些具有明显的竞争优势的权威物流企业或中介机构，因此这一阶段适合采用星型模式/中介模式。

（2）虚拟物流联盟组织创建期的组织模式。虚拟物流联盟在组织创建期必须由具有一定权威性，对联盟整体的运行趋势和所需的核心能力有全面、清晰的把握，并能统筹规划、合理进行组织设计的“管理者”来完成，因此这一阶段也适合采用星型模式/中介模式。

（3）虚拟物流联盟动态运行期的组织模式。任何事物的发展都有一个过程，虚拟物流联盟也不例外，它同样面临着从初创到成熟的过程。因此，可以将虚拟物流联盟的运行期分为运行和进化两个阶段。在运行阶段，成员企业之间的合作刚刚开始，彼此还需要一段时期的磨合，虚拟物流联盟的运行规则尚不够完善，协调与管理经验不足。在物流任务难度较大的情况下适宜采用主从模式。虚拟物流联盟的组织者首先进行总体物流任务的分解，分解后若每个物流企业所承担的物流子任务仍然具有相当大的难度与工作量，该物流企业还可以根据需要组建以完成自己物流任务模块为目标的从属联盟，由该物流企业协调管理各自从属的虚拟物流联盟；而对于物流任务量相对较少，涉及物流环节不多的虚拟物流联盟，这一阶段可以采用联邦模式。随着虚拟物流联盟的进一步发展，其管理与协调能力大大提高，各成员企业经过调整，彼此之间的合作也具有了一定的默契，对各自的物流任务及整体目标有了十分明确的认识，各企业都能各尽其能。虚拟物流联盟进入进化阶段后，基本上不需要中介机构或者盟主来分配任务，它们之间可以在互相信任的基础上，主动互相沟通，自发协调关系，因此适合采用平行模式。这种平行模式既可以减少物流联盟整体的管理成本，还能使各成员企业得到被认可的“心理满足”。

(4) 虚拟物流联盟解体期的组织模式。虽然虚拟物流联盟运行到这一阶段，其既定目标已经基本实现，但仍涉及利益分配，联盟解散时间的确定，资产的清算和后续服务等敏感问题。这时适宜采用联邦模式。因为这个时期是各物流企业实现利益的阶段，必须使得各参与者都加入到管理中来，同时还必须由 ASC 来保证利润分配等问题的公开、公平和公正。

4.2 虚拟物流联盟的组织结构

由于虚拟物流联盟是由多个企业合作形成的临时性的独立虚拟经营实体，其组织的构成可分为以下四个层次（如图 4 - 1 所示）：动态联盟层、企业间合作层、伙伴企业动态组织层和现实企业基本组织层（徐晓飞等，1999）[3]。其中，动态联盟层是由多个虚拟物流项目组（Virtual Logistics Group，ULG）以物流流程为主线构成的动态联盟体；企业间合作层是由联盟伙伴企业通过多种合作形式（如战略联盟式、合资经营式、转包服务式、供应链式、插入兼容式、虚拟合作式等）构成的；同时，为进行联盟合作，伙伴企业往往在内部采用多功能项目组（TEAM）构成伙伴企业动态组织层，所有这些动态组织又都是基于现实企业的基本组织单元（Basic Organization Unit，BOU）形成的。

由该模型可以看出：虚拟物流联盟的组织结构，可以从宏观和微观两个层次上进行分析。虚拟物流联盟的结构在宏观和微观两个层面上表现出不同的特征。

4.2.1 虚拟物流联盟的宏观结构

宏观结构是从组织外部对虚拟物流联盟整体结构的认识。从宏观上来看，虚拟物流联盟是一种典型的扁平化组织形式。按照对虚拟物流联盟价值的大小，可以把构成虚拟物流联盟的成员企业分为两种类型：一类是核心成员，另一类是外围成员。一般情况下，虚拟物流联盟采用两层组织结构，即整个虚拟物流联盟由核心层和外围层组成。虚拟物流企业的构建和管理工作由核心层负责，核心层由对虚拟物流联盟贡献较大的成员构成，这类成员一般不经常变动。而且为了便于管理，通常核心层的成员不宜太多。外围层由对虚拟物流联盟贡献相对较小的成员组成，这些成员也被称为外围伙伴。由于外围伙伴不负责关键技术，且可替代伙伴较多，其流动性不会对虚拟物流联盟带来较大的影响。

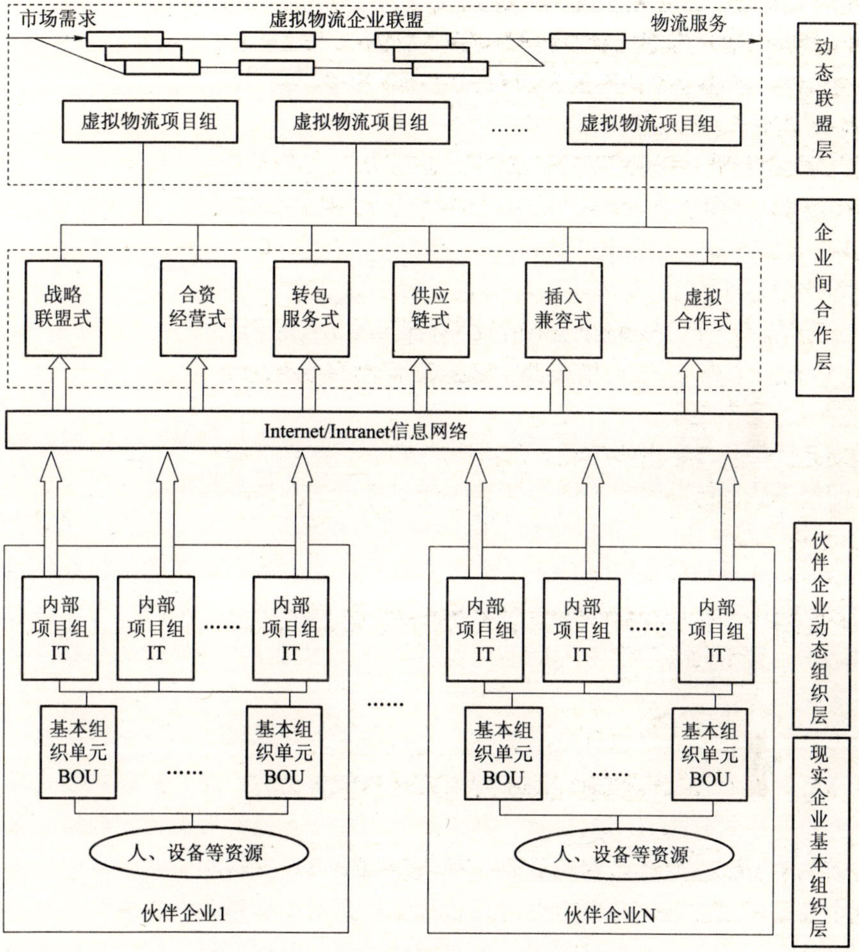

图 4-1　虚拟物流联盟的组织结构模型

资料来源：包耀东 (2007)[2]

1. 虚拟物流联盟两层组织结构的优势

由于虚拟物流联盟的两层结构具有众多优势，因此成为了虚拟物流联盟实践中最为典型的组织结构形式。虚拟物流联盟的两层结构如图 4-2 所示。

在虚拟物流联盟的生命周期内，外围伙伴可以自由进入或退出。与此相对应，核心层的联系比较紧密，流动性较小。这样就使虚拟物流联盟可以保持较高的组织柔性。

两层组织结构也减少了虚拟物流联盟组织管理上的复杂性。虚拟物流联盟的

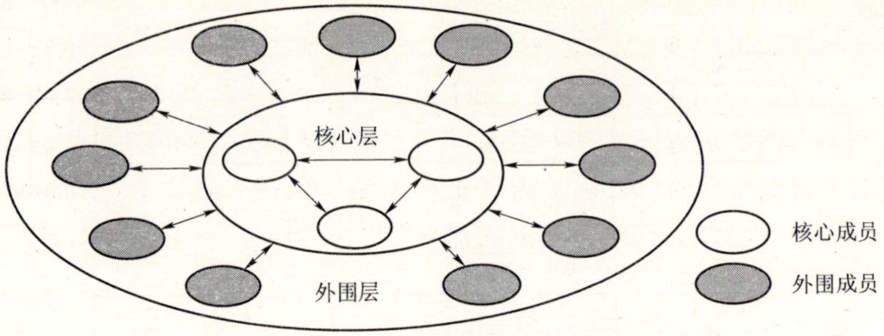

图 4-2　虚拟物流联盟的宏观结构模型

资料来源：陈剑和冯蔚东（2002）[4]

管理主要体现在对核心层的管理上；而外围伙伴的协调与管理工作由核心成员负责，外围伙伴与核心成员之间的联系主要通过契约关系来规范。

2. 虚拟物流联盟的组织结构与组织模式的相互关系

由于构成虚拟物流联盟的企业类型和数目不同，各企业在虚拟物流联盟中的作用和地位不同，虚拟物流联盟所采用的组织模式就会有所不同，与此相对应的组织结构也会不同。但这些不同的组织结构彼此之间存在着很密切的联系，可以相互转化。

虚拟物流联盟通常包含星型模式、平行模式、联邦模式、中介模式和主从模式这样五种组织模式。其中，前三种模式是比较常见的，尤其是联邦模式最为常见。而中介模式较少有文献提及，其主要原因在于：通常有关物流的研究多基于制造业的现有研究基础。物流业是一种新型的服务业，在物流业中从事物流信息业的企业数量较多，这种以中介咨询机构为核心的中介模式在物流业中是较常见的。事实上，中介模式与星型模式的组织结构并无差别，所不同的是处于盟主地位的是中介机构，而不是物流企业。

星型模式、中介模式、平行模式和联邦模式这四种组织模式和虚拟物流联盟的两层结构有着密切的联系，在两层结构中，核心层与外围层的关系和构成的变化产生了这四种组织模式。联邦模式最具一般意义，体现了两层结构的一般状态；星型模式和中介模式是两层结构中核心层不断缩小的极端状态——核心层只有一个企业，即虚拟物流联盟的盟主；而平行模式是核心层不断扩大的极端状态，即核心层与外围层完全合而为一，这是一种理想状态，现实中并不多见。

主从模式在企业实践中并不少见，只是由于其结构复杂，而在一般的研究中较少考虑。主从模式是两层结构不断演化的结果，由多个两层组织结构嵌套而成，其组织结构包含两层以上的结构。我们可以用基因学中的细胞结构来形象地描述主从结构（如图 4－3 所示）。我们可以把虚拟物流联盟看作一个生命体，这个生命体由无数细胞（“核心实体”和“虚拟对象”）构成，这些核心实体共同构成虚拟物流联盟的核心层，而“虚拟对象”则是一些对虚拟物流联盟贡献较少的合作伙伴，由它们构成虚拟物流联盟的外围层。在虚拟物流联盟的外围层，有部分“虚拟对象”又以自身为核心，通过与其他伙伴企业的联合形成了次级的联盟结构。正如我们在图中看到的“次一级的虚拟企业”，该细胞组织结构也是由“核心实体”和“虚拟对象”构成的。

图 4－3　主从模式的细胞组织结构

4.2.2　虚拟物流联盟的微观结构

从企业内部来看，可以形成对虚拟物流联盟微观结构的认识。参与虚拟物流联盟的各方在价值链上贡献各自的核心能力，但并非是合作伙伴的全部资源都配置到虚拟物流联盟中，一般每个合作伙伴只会有部分人员参与虚拟物流联盟的运作。虚拟物流联盟组织运作中的各个环节，是由来自不同合作伙伴的人员组成的集成工作团队来承担，不同的工作团队承担着不同的物流分工。

从内部来看，虚拟物流联盟的微观结构（如图 4－4 所示）表现为不同工作团队的集合，而每个工作团队又由来自不同合作伙伴的人员集成，所有成员以共同的目标开展物流活动，成员之间相互负责。集成工作团队是虚拟物流联盟最基本的工作单元，完成特定的物流任务。集成工作团队追求的目标是更有效地满足物流需求者的服务要求。为此，物流联盟成员一般采取并行作业方式，这在客观上打破了按阶段划分的工作程序，可以将后续阶段的作业提前。集成工作团队改变了传统的封闭作业模式，形成了专业/部门的协同工作模式，这是虚拟物流联盟的本质特征。

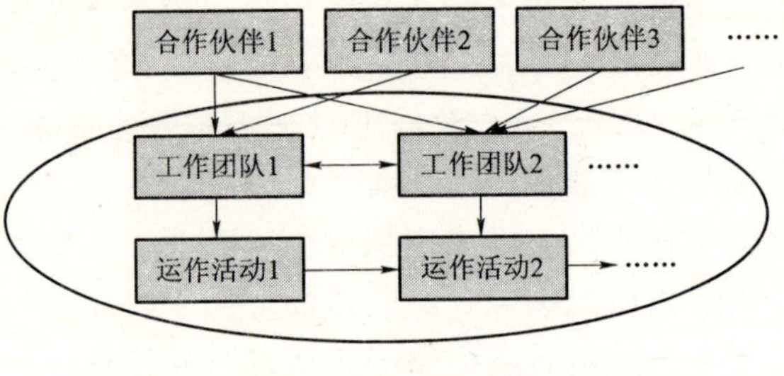

图 4－4　虚拟物流联盟的微观结构模型

资料来源：邢永杰（2003）[5]

在虚拟物流联盟的组织模式下，无论是集成工作团队内部，还是集成工作团队之间，都遵循 7C 原则，即合作（collaboration）、承诺（commitment）、交流（communication）、妥协（compromise）、一致（consensus）、协调（coordination）、持续改进（continuous improvement）（邢永杰，2003）[5]。

4.3　物流整合商参与的虚拟物流联盟组织结构

虚拟物流联盟的运作是将产权分散的物流资源和能力转化为特定的物流服务。由于产权分散要考虑物流的治理结构，所以在分析虚拟物流联盟组织结构时，也应将物流组织的治理结构考虑在内。

4.3.1　虚拟物流联盟的治理结构

我们在前面运用交易成本理论讨论虚拟物流联盟的契约安排时，谈到虚拟物流联盟这种组织模式只能采取与中间组织相应的双边规制和三边规制。这种双边规制和三边规制的治理结构决定了虚拟物流联盟的组织模式选择。

（1）在双方合作的初期，在彼此信誉不了解的情况下，采用三边规制，即双方事先约定一个共同接受的第三者，行使仲裁职能。因此，联邦模式是最为常见和通用的虚拟物流联盟模式。在联邦模式下，存在着 ASC（物流整合者）充当第三者，这时的虚拟物流联盟的组织结构如图 4－5 所示。在三边规则下，虚拟物流联盟还可以采用星型模式/中介模式。这两种模式是两层结构中核心层不断缩小的极端状态，这时充当第三者角色的 ASC（物流整合者）只有一个盟主企业。而在主从模式下，存在多层次的 ASC（物流整合者）。在三边规则下，物流整合者既是联盟的组织者，也是物流需求者和物流供给者之间的中介者。

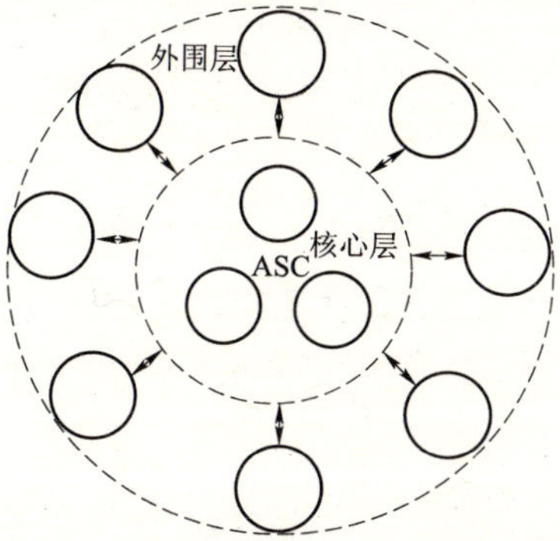

图 4－5　虚拟物流联盟的联邦组织结构

资料来源：包国宪和贾旭东（2005）[6]

（2）随着合作次数的增加，双方了解程度的加深，三边规制逐步被双边规制所替代。在双边规则下，虚拟物流联盟采用平行模式。在平行模式中不存在物流整合者，所有的参与者在平等的基础上相互合作，在保持自身独立的同时，为虚拟物流联盟贡献出自己独特的“核心能力”。

4.3.2　虚拟物流联盟的核心要素

以上我们对虚拟物流联盟的治理结构进行了分析，一定的治理结构是需要特定的核心要素作为支撑的。构建虚拟物流联盟的目的是为了实现物流的整合，因此对于虚拟物流联盟的核心要素的分析可以从物流整合中得到启发。黄国雄（2000）在《现代物流的整合效应》中分析物流整合的思路时指出，物流企业应有系统的发展战略，要考虑硬件与软件的配合，要考虑数量的发展和质量的提高相适应[7]。何明珂（2001）进一步指出物流整合不是由同一资本拥有物流系统的所有要素的集成，而是由一个起领导作用的资本或者要素将物流系统需要的其他资本或者要素联系起来，形成一个物流要素紧密联系的物流系统，这些要素之间就像是在一个系统内相互协调和配合，在这种集成的过程中，被集成进来的这些要素应该是专业化的，否则起主导作用的物流要素就会放弃与它的集成而去寻找其他专业化的资源进行集成[8]。因此，为了进一步分析构成物流物流联盟的核心要素，我们对虚拟物流联盟中最常用的联邦组织结构进行细化研究。其结构模型如图 4－6 所示。

从该模型中可以看到，外围的 6 个实线圆表示虚拟物流联盟的外围层实体成

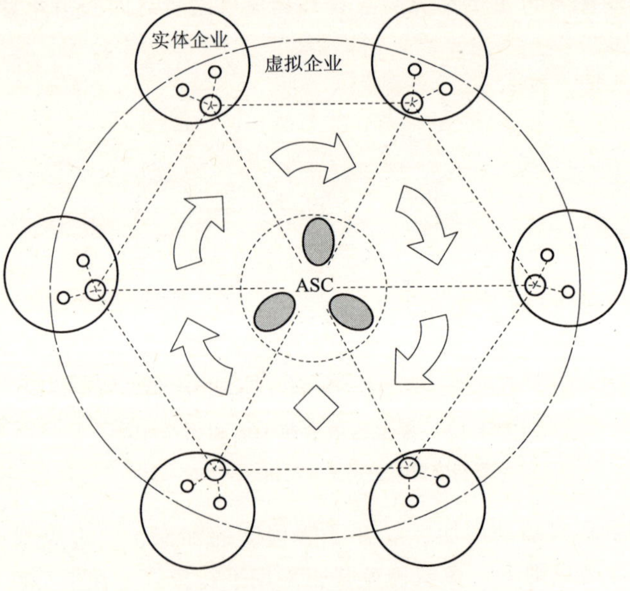

图 4－6　联邦模式下的虚拟物流联盟结构模型

资料来源：包国宪和贾旭东（2005）[6]

员企业，图中心的虚线圆代表虚拟物流联盟的核心层，椭圆形实线圆代表核心层企业，其中央是虚拟物流联盟的最高决策机构——ASC，ASC 与外围层企业纳入虚拟物流联盟的那一部分中的一个小实线圆以虚线相连，这个小实线圆就是伙伴企业中的协调模块，即 CM。对外，CM 与其他伙伴企业的 CM 相连，对内，CM 与自身企业内部的两个小实线圆以虚线相连，这两个小实线圆就是伙伴企业的内部模块，即 M。ASC、CM、M 间都以虚线相连，这个虚线构成的网络就是虚拟物流联盟赖以生存和发展的信息沟通与协调网络，虚拟物流联盟的运行就是建立在这个网络平台基础之上的（包国宪，贾旭东，2005）[6]。

通过以上对虚拟物流联盟组织结构的深入分析，我们发现该结构的通畅运营有内外两个关键因素（戴勇，2002）[9]：

1. 内部要素（物流整合商）

物流整合商是虚拟物流联盟得以高效运作的核心要素，它承担着组建、管理联盟的重任。通过物流整合商发掘、寻找市场机会，形成广泛的物流联盟，在此基础上组建动态的虚拟物流企业，协调控制虚拟物流企业的运作，保证联盟的运作绩效。戴勇（2002）基于黄国雄（2000）给出的物流整合力的概念和何明珂（2001）的研究，总结出了虚拟物流联盟整合商的内涵[9]，具体有以下方面：

（1）物流整合商的作用。物流整合商实现整合物流资源的功能，是联盟的最高决策者和协调者，协调并控制虚拟物流联盟的运作和管理，同时还扮演着行政支持中心、技术支持中心、法律支持中心、风险监控中心等角色。通过物流整合商的运作，可以产生物流整合的效益，创造出物流整合力。

（2）物流整合商的构成。物流整合商可以是物流要素的提供者，也可以不是。物流整合商可以参与虚拟物流企业的运作，比如承担运输和信息功能等，也可以不参与物流联盟的运作，而只是提供市场机会、资本运作或物流项目策划。物流整合商可以是物流企业，也可以是物流信息业的投资公司或物流咨询公司等。

（3）物流整合商的核心能力。不管是否参与物流联盟的运作，物流整合商的核心功能都是物流要素的系统规划和协调，具体包括系统能力和协调能力。其中，系统能力体现了物流整合商对物流项目的设计和规划能力，协调能力体现了物流整合商对市场、项目的运行控制能力等。

（4）物流整合商的定位。物流整合商在进行物流功能整合中主要行使以下职能：

① 客户物流需求发现；

② 物流项目的市场开发和营销获得；

③ 寻求可以用来满足物流服务需求的物流资源，组建虚拟物流企业；

④ 建立虚拟物流企业的契约体系，明确各个物流伙伴的任务职责；

⑤ 监督、协调和控制虚拟物流企业联盟的具体实施。

2. 外部要素（信息平台）

虚拟物流联盟的成功运作依赖于物流信息的提供。物流信息平台是联结 ASC、合作伙伴对外协调模块和对内运行模块的桥梁，是虚拟物流联盟赖以生存和发展的信息沟通与协调网络。因此物流信息平台是联盟运行环境建设的核心（有关物流信息平台的构建见第 5 章）。

4.3.3 物流整合者参与的联盟组织结构

由虚拟物流联盟的组织模式及其治理结构的分析，我们发现物流整合者在虚拟物流联盟的全生命周期都发挥着重要的作用，只有当虚拟物流联盟进入动态运作期的进化阶段后，才适宜采用平行模式，在不需要物流整合者的情况下，合作伙伴可以在互相信任的基础上，主动互相沟通，自发协调关系。

基于此，戴勇（2002）提出了一种有物流整合商参与的虚拟物流联盟组织结构，它以虚拟物流联盟整合商（VLCC）为核心，以虚拟物流联盟的信息平台为支撑，结合客户、伙伴企业（VLC）组成了如图 4－7 所示的双层组织结构[9]。其中 VLCC 协调管理 VLC 的物流活动，共同组成虚拟物流企业，构成了联盟的核心紧密层，而物流联盟成员则是虚拟物流企业合作伙伴对象库的来源，是联盟的外围松散层。

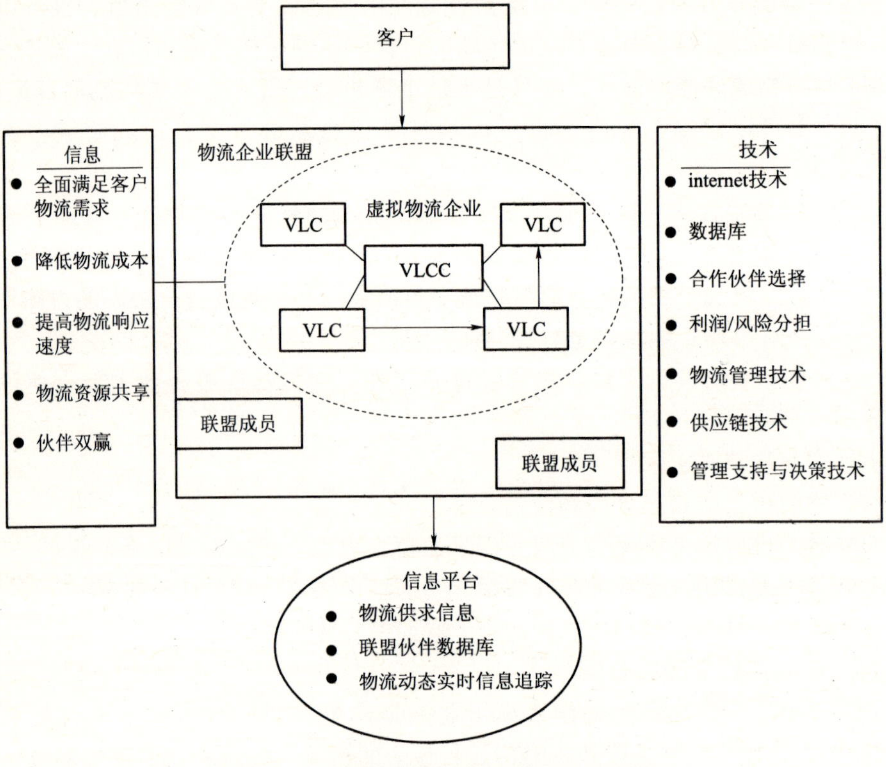

图 4－7　物流整合者参与的联盟组织结构

资料来源：戴勇（2002）[9]

本章小节

虚拟物流联盟是一个动态的组织，在其运行过程中会不断有企业加入或退出。在不同的发展阶段，各成员企业的地位、相互关系和行为随时都在发生变化。因此，需要根据虚拟物流联盟的生命周期特性对其组织模式和组织结构进行动态调整。

本章在对虚拟物流联盟组织模式类型进行阐述的基础上，分析了不同发展阶段的主要任务及对组织模式的要求，并提出了虚拟物流联盟生命周期各阶段适宜采用的组织模式及其与之相对应的组织结构。

另外，本章不仅从宏观和微观两个层次对虚拟物流联盟的组织结构进行了分析，而且还结合物流治理结构和虚拟物流联盟的组织模式，分析了虚拟物流联盟的核心要素，并在此基础上对有物流整合者参与的虚拟物流联盟的组织结构进行了重点探讨。

参考文献

[1] 岳意定，程安亭，王雄. 基于生命周期的动态物流联盟组织模式选择研究[J]. 中央财经大学学报，2008（8）：76－80.

[2] 包耀东. 虚拟物流企业联盟的组建及运营管理[D]. 昆明：昆明理工大学，2007.

[3] 徐晓飞，战德臣，叶丹，等. 动态联盟企业组织方法体系[J]. 计算机集成制造系统，1999（1）：7－12.

[4] 陈剑，冯蔚东. 虚拟企业构建与管理. 北京：清华大学出版社，2002.

[5] 邢永杰. 基于博弈论的虚拟组织理论研究[D]. 天津：天津大学，2003.

[6] 包国宪，贾旭东. 虚拟企业的组织结构研究[J]. 中国工业经济，2005（10）：96－103.

[7] 黄国雄. 现代物流的整合效应[J]. 商场现代化，2000（12）：18－19.

[8] 何明珂. 物流系统论[M]. 北京：中国审计出版社，2001.

[9] 戴勇. 虚拟物流企业联盟的构建与管理[D]. 上海：上海海运学院，2002.

第5章

虚拟物流联盟的构建

虚拟物流联盟在组织构建阶段的主要工作包括伙伴选择、契约规制设计以及信息平台的构建三项内容。本章在对虚拟物流联盟构建过程进行分析的基础上，分别对其构建过程的三项主要工作进行重点阐述。

5.1 虚拟物流联盟的构建过程

5.1.1 虚拟物流联盟构建的关键要素分析

虚拟物流联盟的构建涉及企业集成，即通过集成众多成员企业的优势资源来实现某个物流市场机遇。这是一项复杂的系统工程，既包括企业治理结构、信任机制等制度问题，也涉及虚拟物流企业的运作、管理、信息技术等问题。在众多的问题中，影响虚拟物流联盟构建的关键要素是物流市场机遇、企业核心能力、合作伙伴、组织及过程重构以及组织模式等问题（汪贻生等，2004）[1]。其原因有如下方面。

1. 物流市场机遇

随着物流客户需求、物流市场环境、物流竞争态势等外部环境的不断变化，物流市场需求表现出时间紧迫性、响应及时性与多变性等特征。稍纵即逝的物流市场需求机遇要求虚拟物流联盟具有快速响应能力。因此，在复杂多变的物流市场环境中及时获取市场需求信息，把握物流市场机遇是虚拟物流联盟构建过程中的首要问题。

2. 企业核心能力

核心竞争力是蕴含在企业内部支撑企业生存、发展、壮大的能力体系，其本质是“知识和技能”。虚拟物流联盟作为一种基于核心能力的企业合作网络，其核心能力是指企业在物流规划、仓储、加工、包装、装卸、运输等服务环节上所具有的，明显优于并且不易被竞争对手模仿的独特能力（郑毅延，王健，2006）[2]。传统物流企业的运作主要是通过对企业内部资源的有效利用以提供方便快捷的物流服务。而虚拟物流联盟的运作方式是物流整合者对外部资源整合的一种重要手段。因此从某种意义上来说，虚拟物流联盟主要是对成员企业核心能力的一种有效利用和整合，即把投资和管理的重点集中在物流整合者本身的核心能力上，而一些非核心能力或自己短时间内不具备或不需要具备的核心能力则转向依靠外部的物流企业提供。有关在虚拟物流联盟运作过程中，如何通过资源的整合实现企业核心能力的创新问题，我们将在第7章中进行深入探讨。

3. 合作伙伴

虚拟物流联盟的功能虚拟化、组织虚拟化等特点，使其构建过程非常复杂，其中的一个关键环节就是从物流联盟对象库中选择合作伙伴。在选择合作伙伴时除了考虑联盟成员自身所拥有的核心竞争力是否具有互补性外，还应当考虑经营战略、管理方式和文化等方面是否具有相似性和相容性以及跨组织参与性、协调性和RRS能力等。伙伴选择的成功与否将直接关系到虚拟物流联盟的市场响应速度、运行绩效和联盟的成败。

4. 组织及过程重构

为了能够更好地协同工作，实现与保持虚拟物流联盟伙伴之间物流流程的无缝联结，以更快的反应速度和更高的效率满足快速变化的物流市场需求，为物流需求者提供高质量的物流服务，虚拟物流联盟的伙伴企业需要对自身的组织结构及物流服务流程进行重新设计，这是虚拟物流联盟构建过程中需要协同解决的重要问题，其成功与否关系到虚拟物流联盟能否实现物流目标。有关在虚拟物流联盟中，如何通过合作伙伴的选择实现组织及过程重构的问题，我们将在第6章中进行重点探讨。

5. 组织模式

虚拟物流联盟是为了抓住稍纵即逝的物流市场需求机遇而快速组合起来的临时性的从事物流服务的组织网络，它不是一个企业，而是由具有法人资格的独立物流企业组成的组织群体。组成虚拟物流联盟的每一个物流企业均拥有各自的核心能力和资源，为了实现共同的物流市场机遇，它们联合起来，相互协作，贡献出各自的核心能力和资源。因此，为了实现物流目标，其中一个关键的要素就是构建结构合理、切实可行的虚拟物流组织，包括组织模式设计与调整、运行过程中的伙伴关系管理、风险管理与控制、利益及风险分配、绩效评估与度量等。有关组织模式的选择问题，我们在第4章已进行了详细阐述，在此不再冗叙。

5.1.2 构建过程

虚拟物流联盟的构建包括机遇识别、组织创建、动态运作和解体四个阶段，构建过程模型如图 5－1 所示。

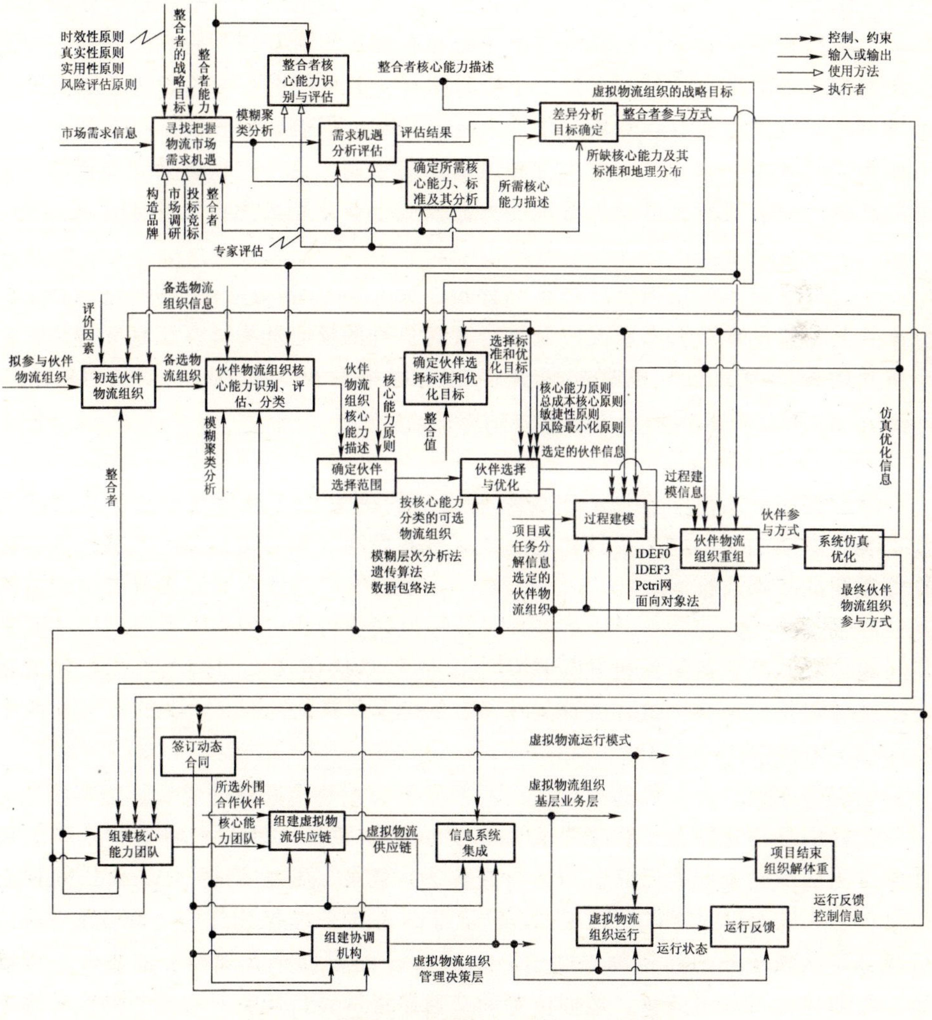

图 5－1 虚拟物流联盟的组织构建过程模型

资料来源：汪贻生等（2004）[1]

1. 机遇识别

虚拟物流联盟机遇识别阶段的主要任务是对物流需求进行分析，具体包括以下三个过程：

（1）机遇识别

该过程主要是根据物流整合者的战略目标，寻找和把握物流市场的需求机遇，并初步进行需求机遇的描述和定义。在寻找物流市场需求机遇的过程中，最佳的方案是物流整合者通过提升核心能力，构造自身的物流企业品牌，依靠市场影响力吸引物流需求者；而最直接的方案是根据客户利用虚拟物流企业信息平台发布的物流需求信息及其招标说明书进行投标竞标；另外一种途径就是通过物流市场调查研究的方法寻找物流需求者。在寻找与把握物流市场需求机遇的过程中需要遵循时效性、真实性、实用性和风险评估原则。这一过程会受到物流组织能力的限制，只有具有足够组织管理能力的权威企业才能成为物流整合者。

（2）机遇评价

该过程是对市场机遇进行分析和评价，确定响应市场机遇所需的核心能力、标准及其初步的地域分布状况以及整合者对自身的核心能力进行识别和评价。对于机遇的分析与评价，现有的研究提出采用模糊聚类方法（王丹，杨晓春，2000）[3]，而在实践中多采用专家评估方法。

（3）机遇选择

该过程是在做出响应物流市场需求机遇的决策后，进行差异分析与目标确定，确定所缺的核心能力及其初步的地域分布状况、整合者的参与方式以及虚拟物流联盟的战略目标。

2. 组织构建

虚拟物流联盟的组织构建阶段的主要任务是伙伴选择和组织与运行模式确定。具体包括以下几个过程（汪贻生等，2004）[1]：

（1）伙伴选择与优化

物流合作伙伴的正确选择会在很大程度上影响物流联盟的成功。虚拟物流联盟的伙伴选择与优化是由物流整合商来完成的。戴勇（2002）将这类承担物流业务，出面组建虚拟物流联盟的整合商称为虚拟物流链协调者（Virtual Logistics Chain Coordinator，VLCC）[4]。物流整合商作为这个虚拟物流企业联盟的核心，组建基于该项任务的虚拟物流联盟。物流整合商根据企业规模、信誉、文化素质、行业地位、历史信息、地理位置和交通条件等评价因素对拟参与的伙伴企业进行初步筛选，淘汰明显不符合要求的物流企业，在此基础上根据伙伴企业的基本信息和第一阶段确定的核心能力标准，对初选出来的物流企业进行核心能力识别、评估与分类，并按核心能力原则确定伙伴选择范围。与此同时根据虚拟物流联盟的战略目标以及整合者自身的核心能力水平确定伙伴选择标准和优化目标。

关于伙伴的选择与优化，归纳起来主要有以下几类方法：数学规划方法，数据包络分析法（DEA），层次分析法（AHP），网络分析法（ANP），ABC 分析方法，模糊综合评判法，神经网络算法，遗传算法，灰色局势决策方法等。

（2）虚拟物流联盟过程建模

过程建模是将市场需求所要求完成的物流项目或任务分解成若干个子项目或任务，而对完成这些子项目或任务所要进行的一系列相互联系的过程或活动，常用的建模方法有 IDEF0、IDEF3、过程流程图、Petri 网与面向对象法等。在选定合作伙伴，进行过程建模之后，以虚拟物流联盟的战略目标为出发点，根据伙伴的能力、任务的实现过程，进行伙伴企业的过程/组织重构和虚拟物流联盟模型的调整，并通过系统仿真优化，最后确定最优联盟结构方案及合作伙伴参与虚拟物流联盟的方式，共同构成一个完整的虚拟物流联盟网络。

（3）组织结构设计

虚拟物流联盟的组织结构设计包括核心层和外围层两个部分。

① 核心层。虚拟物流联盟的核心层包括核心能力团队和一个共同的协调指挥机构（ASC）。物流整合者和选定的伙伴企业根据各自的参与方式组成虚拟物流联盟的核心能力团队，该团队成员联系较为紧密，且在整个虚拟物流联盟运行过程中不易变动，主要负责对核心伙伴的协调和管理。在此基础上建立 ASC，它是虚拟物流联盟的高层决策机构，对虚拟物流联盟内的资源和技术进行统一的协调和管理。ASC 成员构成以核心能力团队成员为主，并包括由核心能力团队提议的其他合作伙伴。

② 外围层。虚拟物流联盟的外围成员主要负责联盟的基层业务。核心能力团队成员根据自身的业务需要，将选择好的外围合作伙伴，组成虚拟物流供应链节点，并由这些相互联系的节点构成整个虚拟物流供应链。在整个虚拟物流联盟组织运行过程中，根据业务需要可以对外围合作伙伴进行实时调整。

（4）运行模式设计

虚拟物流联盟的运行模式主要是采用动态合同的形式，通过契约机制予以保障。动态合同的主要内容一般包含利益/风险分担机制、监督机制、激励机制和清算机制等内容，同时，虚拟物流联盟的组织运行需要建立在共同的信息平台基础之上，依靠信息系统的集成和良好的通信基础条件，实现伙伴间广泛的信息交流和共享。

3. 动态运作

虚拟物流联盟是一个动态的组织，因此构建工作贯穿于组织运行的全过程。在对虚拟物流联盟的初步构建完成之后，进入动态运作阶段，除了进行正常的组织运作外，需要根据物流业务的特点进行绩效度量，并根据运行反馈结果对上一阶段进行适当调整。因此，虚拟物流联盟的动态运作阶段的主要任务是运行反馈和绩效评价，具体包括以下五个过程（汪贻生等，2004）[1]：

（1）伙伴选择和优化

在伙伴选择和优化过程中，可能出现对合作伙伴的核心能力的识别、评估不准确的情况，此时就需要通过运行反馈来检验合作伙伴的真实核心能力，从而调整或重新选择具备相应核心能力的合作伙伴。

（2）过程建模和优化

在过程建模中，可能由于任务分解不合理、不够详尽或由于项目任务的更变等原因，需要根据反馈信息对建模过程进行修改或重新优化。

（3）组织与过程重构

由于伙伴企业之间的管理体系、组织结构、通信基础等存在较大差异，在虚拟物流联盟的组织构建过程中虽然已经进行了组织与过程重构，但是在运行过程中仍需进行不断拟合，以优化此过程。

（4）组织结构与运行模式调整

需要根据反馈信息对虚拟物流联盟的组织结构与运行模式进行动态调整，以弥补其存在的缺陷。

（5）信息系统的集成优化

由于伙伴企业之间的信息系统、通信基础存在差异，当利用已有的信息资源存在较大的障碍和困难时，需要根据反馈信息不断对其进行协调和完善。

4. 解体

当虚拟物流联盟的目标实现后或由于某种原因项目被迫终止后，虚拟物流联盟即行解体。在解体过程中需要处理好利益分配问题。

5.2 虚拟物流联盟的合作伙伴选择

通过对虚拟物流联盟构建过程的分析，我们发现构筑物流联盟的首要关键要素是选择正确的合作伙伴。在合作伙伴的选择过程中，伙伴选择原则、评价指标体系的建立以及评价方法的选择都是其关键问题。

5.2.1 合作伙伴选择的基本原则

为了更有效地解决虚拟物流联盟的伙伴选择问题，需要制定相关的选择原则。这些原则是进行招标和伙伴选择的重要依据。在虚拟物流联盟伙伴选择过程中应遵循的基本原则包括：

1. 核心能力原则

在选择物流联盟合作伙伴时应当考虑联盟成员核心竞争力是否具有互补性以及经营战略、管理方式和文化等方面是否具有相似性和相容性。构建虚拟物流联盟的目的之一是取得更多形式的物流增值服务，从而获得超过竞争对手的核心竞争能力。虚拟物流联盟将合作伙伴的不同物流资源和能力整合在一起，但未必就能够获得预期的核心竞争能力。因为虚拟物流联盟竞争能力并不等于所有合作伙伴物流资源和能力的简单求和。只有合作伙伴为虚拟物流联盟贡献的核心能力是联盟发展所需要的，且彼此之间具备互补性，才能形成物流整合优势。除了考虑合作伙伴的能力约束以外，要获得核心竞争能力，还要考虑合作伙伴之间文化的融合性、信任水平、合作的相容性、远景目标的一致性、保持联系的情况、通信网络的条件等因素。只有这些因素达到一定的水平，才能使虚拟物流联盟获得预期的核心竞争能力。

2. 经济原则

虚拟物流联盟作为一种商业生态系统要符合经济原则。在虚拟物流联盟构建过程中，要全面考虑不同的合作伙伴组合所对应的收益水平与成本水平。从收益方面来看，合作伙伴通过虚拟物流联盟能够更好地满足不断变化的市场需求，更有效地开拓新的市场，带来超过平均水平的收益；从成本方面来看，虚拟物流联盟的实际运作成本（包含联结成本）不应大于合作伙伴各方独立完成各项活动所需费用的总和。在综合考虑上述两方面因素的基础上才能做出合理的选择。

3. 敏捷性原则

敏捷性是物流市场对虚拟物流联盟中各伙伴企业的基本要求，它能够使成员企业根据新的市场需求，迅速地重组资源，快速地聚集实现市场机遇所需的能力与资源。这种快速应变性，使虚拟物流联盟不仅能适应可以预见的市场变化，也可以适应未来不可预知的市场环境。

虚拟物流联盟的敏捷性要求各成员企业必须对来自外部的物流服务请求具有快速反应能力。要求合作伙伴具有快速响应物流市场机遇，快速完成目标任务的能力，成员企业之间需要快速地建立信任关系并马上行动，需要成员企业迅速投入到高水平的协同工作中。

4. 风险最小化原则

虚拟物流联盟运行模式具有高风险性，虚拟物流联盟中的伙伴企业通常面临不同的组织结构和技术标准，不同的企业文化和管理理念，不同的硬件环境等。此外，市场风险依旧存在，只不过在个体伙伴之间得到了重新分配。这些因素大大增加了联盟中的管理/合作风险。除此之外，虚拟物流联盟还存在投资不可逆性导致的战略“套牢”风险、核心能力外泄或丧失等技术产权风险等。因此在选择合作伙伴时应遵循风险最小化的原则，最大限度地回避或减少联盟的运行风险，将风险在不同合作伙伴之间进行重新分配，尽可能把风险控制在每个合作伙伴都能承受的水平，这样才有助于虚拟物流联盟的构建与管理。

5.2.2 合作伙伴的评价指标体系

关于虚拟物流联盟伙伴选择评价指标体系的研究很多，大量的学者从不同的角度提出了不同的指标体系。盛立新（2009）从理论和实践两个方面进行归纳，总结了虚拟物流联盟伙伴选择的理论指标体系和实践指标体系[5]。

1. 理论指标体系

理论指标体系旨在衡量虚拟物流联盟的伙伴企业的竞争能力，现有的研究通常从物流成本、物流服务、物流的效率和质量、物流活动以及物流企业整体绩效等方面对其作出评价。盛立新（2009）基于现有研究，归纳出的理论指标体系如表 5－1 所示[5]。

表 5－1　　虚拟物流联盟伙伴选择的理论指标体系

评价对象	评价指标
物流成本	指标体系Ⅰ[6]： （1）与商流结合的物流绩效的财务评价指标； （2）与资金流相结合的物流绩效的财务评价指标； （3）反映物流投入效果的财务评价指标； （4）物流、商流与资金流综合的财务评价指标。 指标体系Ⅱ[7]：仓库成本、自营车队作业成本、运输作业成本、库存成本、客户服务。
物流服务	指标体系Ⅰ[8]：准时装运率、准时交货率、拣选准确率、订货完成率、品类完成率、存货准确率、差错损失率。 指标体系Ⅱ[9]：客户服务类、管理水平类、成本指标类。
物流的效率和质量	指标体系Ⅰ[10]：订货周期、配送频率、配送可靠比、及时配送率、送货完好性、订货状况信息、单据质量、配送差错率、货物残损率、信息准确率、库存周转率、存货可获性、订单完整性。
物流活动	指标体系Ⅰ[11]：顾客服务、运输、存货、配送等各个活动。 指标体系Ⅱ[12]：将物流活动的每一个环节分为三个层面，即战略层、战术层和运作层，然后针对每一个活动进行评价。

续表

评价对象	评价指标
物流企业整体绩效	指标体系Ⅰ[13]：物流工作成果指标、物流工作消耗指标、物流工作效率指标。 指标体系Ⅱ： （1）内部绩效：成本、客户服务、生产率指标、资产衡量和质量； （2）外部绩效：客户感觉，最佳实施基准。 指标体系Ⅲ：采购功能、库存功能、配送功能、市场实力、客户满意水平、企业凝聚力。 指标体系Ⅳ[14]：成本、效率、风险和客户管理。 指标体系Ⅴ[15]：物流成本费用、客户服务、生产率、资产衡量、质量、适应外界环境能力、客户满意程度。 指标体系Ⅵ[16]：内部绩效、服务满意度、财务盈利、发展潜力。 指标体系Ⅶ[17]：财务绩效评价、客户业绩评价、内部经营业绩评价、学习创新绩效评价。 指标体系Ⅷ[18]：信息支持能力、客户关系、组织结构、客户服务质量、公司利润。 指标体系Ⅸ[19]：资产管理能力、费用、顾客服务质量、生产率、生产质量。 指标体系Ⅹ[20]：信息共享能力、系统柔性、定单周期时间、组织学习能力、顾客满足程度。 指标体系Ⅺ[21]：服务质量、技术装备、发展潜力、运输方式。

资料来源：盛立新（2009）[5]

2. 实践指标体系

现有的实践研究通常从敏捷性、市场表现、服务成本、技术实力和财务风险等方面对虚拟物流联盟合作伙伴的竞争能力进行评价[22-26]。盛立新（2009）基于现有研究，归纳出的实践指标体系如图 5－2 所示[5]。

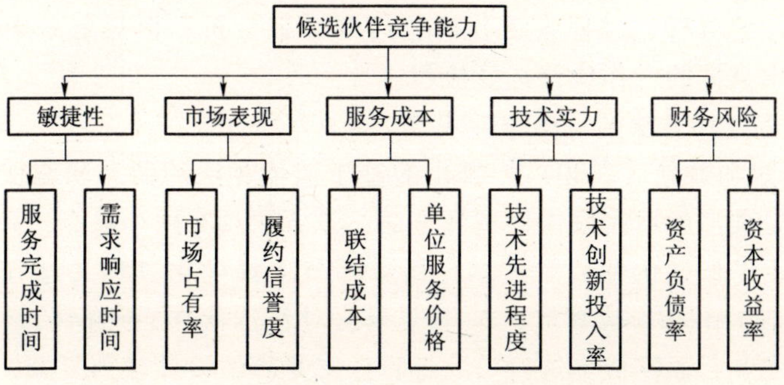

图 5－2 虚拟物流联盟合作伙伴选择的实践指标体系

5.2.3 基于基因组方法的虚拟物流联盟合作伙伴选择与优化

1. 现有虚拟物流联盟伙伴选择方法的不足

从现有文献来看，当前理论界对于虚拟物流联盟的伙伴选择问题开展了不少研究。盛立新（2009）认为在合作伙伴选择方法方面，现有的研究成果主要存在以下几个方面的不足[5]。

(1) 考虑的选择因素不够全面

① Roodhooft 和 Konings（1996）[27]提出的 ABC 分析方法仅对物流活动成本进行计算，却忽略了成本以外的物流服务质量和联盟运作风险等因素。

② 陆金伟等（1999）[28]提出改进的 DEA 算法仅考虑了伙伴选择过程中的定量因素，而忽略了其中大量存在的非定量因素，如信任、文化融合性、通信可能性等。

(2) 考虑的选择环节不够全面

无论是早期出现的标杆学习方法（Benchmarking）（马士华等，1999）[29]，还是 ABC（Activity Based Costing）分析方法（Roodhooft & Konings，1996）[27]以及后期汪贻生等（2004）[30]、李芳等（2004）[31]和杨华龙等（2006）[32]的研究都只能应用在同一物流环节的企业之间的相互比较与评优，一旦涉及整个物流供应链的优化选择的多目标问题，上述单个环节搜寻出的优选企业在考虑整个供应链的全局优化问题时可能并非最优，可能一些单环节的淘汰企业在多目标的规划中存在最优的可能，也就是说应寻求全局性的整体评价方法。但上述文献只是从每个物流环节出发选择环节最优伙伴，并没有从合作组织的整体效益最大化来进行模型设计（戴勇，2002）[4]。

(3) 伙伴选择过程不够具体

如李华焰等（2000）[33]把合作伙伴选择过程分为四个阶段：资源配置要求分析、外部评价分析、过程业绩分析及内部详细分析。但只是一个概念性的分析，没有提出具体的合作伙伴选择流程。

(4) 伙伴选择方法的可操作性不强

① 冯蔚东和陈剑（2000）[34]提出的基于遗传算法的动态联盟伙伴选择过程与优化模型是典型的单阶段伙伴选择方法。该方法具有两个缺点：一是前期数据采集困难。由于候选伙伴数量过多，而单环节选择优化过程又过分注重全局优化，造成前期工作量非常繁重，基本上无法对候选伙伴企业间的运作成本、时间、风险，尤其是联结成本进行一一计算；二是算法设计较为复杂，且寻优速度较慢。在遗传算法中，染色体通过一对一的交叉来交换信息，这种信息共享的效

率非常低，因此信息只能在小范围内共享。

② Tallusi 和 Baker（1996）提出了两阶段的伙伴选择过程模型，第一阶段利用 DEA 判别有效业务流程，选出效率较高的企业，第二阶段运用 0－1 整数规划进行优化，得到有效的联盟组合[35]。该方法在实践中也很难运用，因为很难获得所有候选伙伴的有关输入/输出数据，而且需要将所有候选伙伴都经过 DEA 评价以确定最优的合作伙伴。

③ 陆金伟和达庆利（2000）[36]在 Tallusi 和 Baker（1996）的基础上提出了改进的 DEA 算法选择虚拟企业伙伴，该方法需要对所有的潜在合作伙伴都进行定量分析，这样，不仅造成模型可操作性差，而且应用过程复杂。

④ 戴勇（2002）在上述研究基础上，进一步提出的基于 AHP 的 DEA 分析方法是典型的二阶段伙伴选择方法[23]，该方法只是一个局部搜索和优化的伙伴选择方法，并且只孤立地考察个体的有效性。同时，该伙伴选择评价模型对于评价完全信息下的问题较为实用，但对信息不确定的伙伴选择问题存在缺陷：在实践中难以获得有效的候选合作伙伴数据进行 DEA 分析，数据主要来源于合作伙伴数据库，这些想入围的候选企业难免会提供不确切的数据，这样各种定量评价方法在这些指标上就无所适从；另外，评价指标本身存在非定量因素，如信任、文化融合性等，这些指标在实际评价过程中无法反映在评价模型中；最后评价主体对现实决策的某些属性有模糊性。

此外，由于虚拟物流联盟合作伙伴的参与数量多，且处于动态变化中，在整个组织运行过程中，不断有联盟成员进入与退出，导致虚拟物流联盟的伙伴选择与优化贯穿联盟运行的全过程。而现有的合作伙伴选择方法都是运用在组织构建阶段的一种静态的选择方法。因此，我们尝试采用一种组织遗传学的方法——基因组方法对虚拟物流联盟的伙伴选择与优化问题进行研究。

2. 基于基因组方法的合作伙伴选择与优化

虚拟企业根据持续期的长短可分为单一项目型和长期联盟型，单一项目型（Single Business）是指虚拟企业为响应某个单一的经营机遇而建立，在完成任务之后立即解体；长期联盟型（Long Term Alliance）是指虚拟企业形成了长期性联盟，待执行的经营数目无定限，或是进行长期合作（Camarinha-Matos & Afsarmanesh，1999）[37]。目前有关虚拟企业合作伙伴问题的研究主要集中在单一项目型虚拟企业在组织创建阶段合作伙伴的选择上，还很少有文献涉及长期联盟型虚拟企业在组织运营阶段合作伙伴的选择。有关单一项目型虚拟企业合作伙伴选择的研究主要集中在合作伙伴的最优组合问题上，这是一种静态的研究方法。而虚拟物流联盟同时兼具单一项目和长期联盟双重组织特点，因此有关虚拟物流联盟合作伙伴的选择要研究的是虚拟物流联盟的整体组织优化问题，这不仅涉及合作伙伴的选择问题，而且还包括合作伙伴的优化问题，是一种动态的研究方法。

下面，我们将通过对虚拟物流联盟组织结构特征的分析来说明基因组方法在合作伙伴选择与优化过程中的适应性以及其实施流程。虚拟物流联盟组织结构的多态性使得传统机械式的组织设计方法很难运用。而基因组方法作为一种生物学研究方法，近年来已经开始在项目组织优化设计中运用。鉴于虚拟物流联盟的项目组织特性，我们可以考虑采用基因组方法进行组织设计和合作伙伴选择（相关的详细阐述见第 6 章）。虚拟物流联盟项目基因组织结构设计流程如图 5－3 所示。

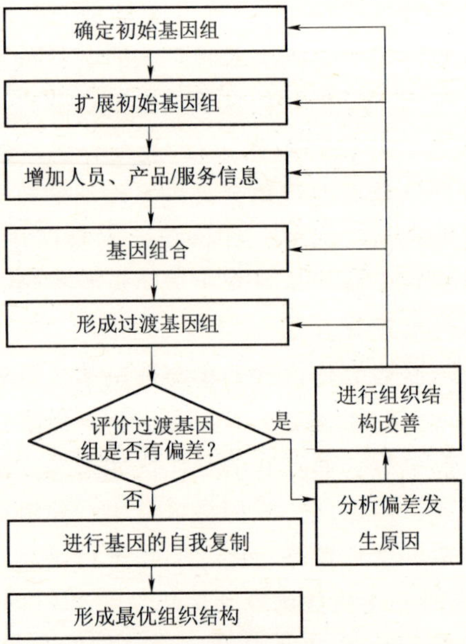

图 5－3　虚拟物流联盟项目基因组织结构设计流程图

资料来源：Moore（2002）[38]

步骤一：选择能够对外部环境做出响应的基因，即能够使物流项目成功的关键要素组成初始基因组。选择的初始基因要为物流项目有机体基因组的发展提供坚实的基础。

步骤二：对初始基因组进行扩展，组成扩展基因组。扩展的基因要能够提供一种具有多样性变化的项目有机体，以便更好地应对外界环境的变化。

步骤三：以扩展基因组为框架，通过增加关于特定物流项目的人员、产品/

服务信息来建立更加具体的虚拟物流企业项目有机体。

步骤四：从物流联盟中选择适当的基因进行组合，设计虚拟物流企业项目有机体。项目有机体通过基因之间的非线性作用及其与外部环境的关系实现稳定性，否则将因为缺乏适应性而导致失败。

步骤五：运用基因组评价方法对所选出的过渡基因组进行检测，并分析差异发生的原因。

步骤六：根据差异发生的原因，制定相应的组织改善策略，以实现对以上步骤的修正。

步骤七：当差异降低到满意的程度，开始对过渡基因组进行自我复制，形成最优化的虚拟物流联盟项目基因组织结构。

在虚拟物流联盟中，作为合作伙伴的物流企业是基因的载体，因而基因组选择的过程就是合作伙伴选择的过程。通过合作伙伴所携带的基因选择、组合和复制，使得虚拟物流联盟的组织结构不断得到优化。利用基因组方法设计虚拟物流联盟的项目基因组织结构，充分体现了组织优化的思想。通过对基因组不断地检测、修正，可以将组织中的优良基因不断传承下去，从而实现组织结构的优化。将基因组方法创造性运用到虚拟物流联盟组织优化和合作伙伴选择中，从理论意义上来说，它为虚拟物流联盟的组织优化提供了一种简单、灵活，成功概率相对较高的方法；从实践意义上来说，项目基因组织结构良好的适应性和创新性，能够很好地满足虚拟物流联盟快速响应外界环境变化的需要。

5.3 虚拟物流联盟契约规制的设计

为避免虚拟物流联盟在运营中出现的伙伴利益不一致，甚至相互冲突情况的发生，需要建立一套完善的契约规制来规范合作伙伴的行为，以避免“败德行为”和有限理性所带来的运营风险。

5.3.1 委托代理理论

委托—代理（Principal—Agent）的概念最早是在股份制条件下提出的。所有权与经营权的分离，导致了职业经理人的出现，公司的经理层代表股东行使管理职能。由于股东和经理层的利益时常出现不一致，而且经理比股东更了解公司信息。在某些情况下，经理可能做出损害股东利益的行为，由此出现了委托代理问题。委托代理问题是由信息不对称引起的。

委托—代理理论将参与人分为委托人和代理人，其中拥有信息的一方称为代理人（Agent），而缺乏信息的一方称为委托人（Principal）。委托代理理论就是研究在信息不对称的情况下，如何进行制度安排，使代理人在按自身利益最大化行动时，能最大程度地实现委托人的利益。委托人想使代理人按照自己的利益选择行动，但委托人不能直接观测到代理人的行动，能观测到的只是行动的结果，而工作结果是由代理人的行动和外生的随机因素共同决定的。自然状态是双方都不可预知和不能控制的。在这种情况下，代理人就有可能向委托人隐藏自己的行动，以便从偷懒中获得一定的附加效用，这种隐藏行动的情况我们称之为道德风险（Moral Hazard）。

委托代理理论的研究就是要让委托人可以根据工作绩效来奖惩代理人，以激励其选择对委托人最有利的行动。凡是涉及契约双方共同分享一个带有不确定性的成果，即存在风险分担，而且该成果的获得受其中一方所付出的私人劳动（不可监督的行动）的影响，即存在激励，都可以使用委托—代理理论。因此，近年来该理论在制度研究、产权研究、组织管理以及人力资源管理等方面都得到了广泛的应用。

5.3.2 虚拟物流联盟中的委托代理问题

虚拟物流联盟作为一种新的组织管理模式，是由某些具有核心能力的物流企业和其他物流企业通过建立合作关系形成的。在虚拟物流联盟中，每个伙伴企业都致力于巩固和发展自己的核心能力和业务。它们在市场机遇的推动下，利用自身的资源优势分别承担运输、仓储、配送、装卸搬运等物流功能，并将各自具有优势的物流功能整合成有竞争力的物流服务来满足客户需求，为联盟创造特殊的物流价值。

在虚拟物流联盟中，盟主企业是联盟的核心，它和盟员企业之间拥有的信息是不对称的（包耀东，2007）[39]：虽然盟主企业掌握物流合作项目的总体信息，可以对各盟员企业提出合作的要求，但是盟主企业对各盟员企业也不可能拥有完备的信息。因为每个盟员企业都是临时性的加入虚拟物流企业联盟，而且它们拥有物流项目得以完成的专业性局部能力和技术信息，这些属于盟员企业自己的核心竞争优势和商业机密。因此盟主企业和盟员企业之间的信息不对称产生的委托代理问题，是虚拟物流联盟中委托代理问题的主要方面。不仅如此，在虚拟物流联盟中，由于盟员企业间的信息不对称出现的委托代理问题，也是虚拟物流联盟中委托代理问题产生的一个方面。

5.3.3 虚拟物流联盟的契约规则

在虚拟物流联盟中，盟主企业与盟员企业之间的关系是一种典型的委托—代理关系，委托人是盟主企业，代理人是盟员企业。詹森和麦克林将这类委托—代理关系视为一种合同，在这种合同下，委托人指定、雇用代理人为其提供服务，并授予其某些决策权，然后根据代理人提供服务的数量和质量支付相应的报酬。由于人的自利性、有限理性、风险回避性以及委托双方条件的不同、需求上的差异、利益目标的不一致，当双方当事人都是效用最大化者时，就有充分的理由相信，代理人不会总以委托人的最大利益而行动。为此，盟主企业就有必要设计出各种激励性和监督性的规制合同，采用多元化的途径防止盟员企业在追求自身利润最大化过程中侵占盟主与其他盟员的利益。然而，在委托双方的信息不对称、环境不确定性、契约不完善的共同作用下，有效的规制合同设计是一件相当复杂和困难的事情。

下面，我们将结合虚拟物流联盟的契约特征，分析契约规则的设计。在虚拟物流联盟创建初期，一般采用三边规制，但从长期性的角度来看，联盟企业大都采用双边规制，这是一种建立在相互信任基础上的关系性缔约。因此，契约规制是虚拟物流联盟各伙伴企业相互间签订的双边规范、合同以及规章。一系列协议的达成与合同的签署，是虚拟物流联盟构建完成的重要标志（李亚东，2006）[40]。由于潜在的合作伙伴比物流整合者、发起人或协调委员会拥有更多有关自身情况的信息，所以设计一个适应不同伙伴的契约机制是非常重要的，这不仅能够从本质上避免“以次充好”，而且也能营造良好的协作环境，维持虚拟物流联盟的长远发展。

虚拟物流联盟是以项目为导向的物流合作过程，盟主企业在联盟中处于主导地位，在确定物流项目、组建虚拟物流联盟、选择盟员企业以及与盟员企业协商利润分配时拥有主动权，但这并不意味着盟主企业可以不考虑盟员企业的利益。委托代理理论认为，个体总是追求自身效用最大化，而制度安排只能在满足个体理性的基础上实现整体效用最大化。盟员企业作为理性个体，同样会追求自身效用最大化。如果盟主企业坚持苛刻的协作条件，盟员企业要么拒绝参与联盟，要么接受协作条件而在以后的合作中采取机会主义行为，这都不利于虚拟物流联盟的整体利益实现。为此，在与盟员企业的协商过程中，盟主企业必须充分考虑如何设计最优合同，在保证对盟员企业进行适当的激励和监督的同时，使双方对利润的合理分配达成一致，以便在以后的协作中充分发挥各个物流企业之间资源互补的优势，实现共同赢利。

1. 激励机制

在规则合同设计过程中，我们首先需要考虑合同的规则强度。在低强度规制合同中，信息不对称主要造成企业的隐蔽行为（Hidden Action），这种隐蔽行为使规制者无法观测到被规制企业投入的时间、工作强度等内生变量，导致企业产生“偷懒”的道德风险问题；而在高强度规制合同中，信息不对称主要造成企业的隐蔽信息（Hidden Information），隐蔽信息使规制者无法观测到被规制企业的技术选择、需求变动等外生变量，导致企业产生以“讲假话”或事前选择来榨取信息租金的逆向选择问题。

在虚拟物流联盟中，盟主企业和盟员企业同处在一个成本机会、技术特征和相关收入分配变量等均不确定的环境之中，而且盟员企业总比盟主企业更了解其组织运行情况，总是试图抽取部分租金作为它信息优势的所得。因此，在这些约束条件下，盟主企业必须在究竟是给予盟员企业以激励还是捕捉其潜在的租金之间进行权衡，并开发出多元化的协调方式。

在信息不对称的情况下，理想化的最优契约难以付诸实践，因为盟主企业无法对盟员企业的类型做出正确的判断，高效率的盟员企业往往有积极模仿低效率盟员企业，并通过隐蔽信息获取信息租金以达到效用最大化的意图。换句话说，最优契约与企业的配置效率激励是不相容的。盟主企业若想杜绝盟员企业获得超额利润，只能采用低强度的价格规制（如回报率规制），而低强度规制合同在解决了信息租金问题的同时，也将企业自行提高配置效率的激励降到了最低点，这是盟主企业所不愿接受的现实。因此，盟主企业更偏好于选择高强度的激励性规制合同，通过出让部分信息租金，换取盟员企业配置效率的提升。

由此可见，提供激励与减少租金之间存在着类似互补的关系，要提高效率就不得不出让信息租金，要减少租金又不得不以降低效率为代价。从这一角度来看，低激励低租金的规制合同和高激励高租金的规制合同都是不完备的，其改进的空间就是合理权衡提高激励与减少租金的关系。我们可以将这种改进看成是信息不对称条件下当事人的对策及对策均衡的结果。因此，规制合同实际上是一组委托—代理均衡合约，该合约不仅要满足上述的参与约束和激励约束，还要力求使委托人所获收益达到最大化。具体而言，在虚拟物流联盟的激励性契约规则设计过程中，主要采取以下措施：

（1）信息共享激励。沟通与协调是保证虚拟物流联盟物流业务顺利实现的重要行为。由于信息协调行为的较难观测性，因此设计促进联盟成员信息共享的分配激励机制将是规制合同的重点内容。

（2）竞争激励。采取了竞争激励，盟员企业如果不能按时按质完工或弄虚作假，则不仅得不到报酬，还会失去下一阶段的工作机会。

（3）效益激励。采取了效益激励，盟主企业可以把项目的下一阶段的工作机会作为对盟员企业提高绩效的鼓励。

2. 监督机制

契约合同也是对虚拟物流联盟中伙伴企业物流作业委托代理活动的监督和控制的方法和手段，通过采用一些可操作性的物流作业行为评价指标，盟员企业的物流合同可以通过动态的检查机制来实现监督。具体而言，虚拟物流联盟的监督性契约机制包括以下两类：

（1）绩效监督

建立在物流业务分包基础上的虚拟物流联盟是一种暂时性的物流组织，在这种松散型的组织结构形式中，由于伙伴间信息不对称问题的存在，会影响联盟的绩效获得，因此在虚拟物流企业联盟的合同体系中，应该体现动态的监督机制，盟主企业通过监督机制，了解盟员企业的实际工作进展，对其行为绩效进行控制。

（2）风险监督

避免运营风险，实现有效的风险监控是虚拟物流联盟运营的重要问题，尤其是在物流完成时间上的风险监控尤为重要。由于物流需求方对第三方物流主合同普遍设有检查条款，第三方物流企业如果不能达到满意的要求，就会终止合同，因此在虚拟物流联盟的物流分包合同中，盟主企业会将同样的检查机制引入到相关子合同中去，来实现对盟员企业物流作业行为的控制，降低整个合同的风险性。

3. 利润分配机制

在合作伙伴之间合理的分配利润是保证虚拟物流联盟成功运作的关键问题之一。而虚拟物流联盟成员之间的合作契约是一种不完全的事前契约，这种契约无法解决合作过程中出现的不确定问题（李芳，2004）[41]。虚拟物流联盟创建的目的是为了抓住更多的市场机遇，以获取更高的利润，而物流利润的实现具有很大的不确定性。虚拟物流联盟在创建初期所签订的契约无法对利润的分配进行明确的规定，而利润分配的合理与否又会直接影响到成员企业合作的积极性。因此，盟主企业必须充分考虑在物流合同中如何设计最优的利润分配机制。

5.4 虚拟物流联盟信息平台的构建

5.4.1 信息技术的重要性

虚拟物流联盟是一种高度依赖信息的物流新模式，现代信息技术的应用是虚拟物流联盟得以形成的基础性条件。虚拟物流联盟在实质上是供应链信息集成平台，它以先进的信息技术为基础，以共享供应链信息为目的。通过采用现代化的物流信息技术，虚拟物流联盟可以有机整合各个物流企业部门和物流业务环节，使得物流、信息流、资金流高度集成并保持高效运作，从而高效率、低成本地实现物流客户服务价值。具体而言，信息技术在虚拟物流联盟中的重要性体现在以下几个方面：

1. 整合物流环节，降低物流成本

虚拟物流联盟通过运用计算机网络技术将物流企业、承运人、仓库运营商、产品供应商以及配送商等集成到一起实现物流信息的统一共享，消除了原先物流过程中的时滞与高成本环节，从而有效地改善了传统物流由于物流环节分散造成的物流成本居高不下的状况。

2. 提升物流服务质量

虚拟物流联盟依赖信息通信技术为客户提供"一站式"的物流服务，使得物流服务的质量达到了6R标准，即适当的质量，适当的数量，适当的时间，适当的地点，适当的价格及好的印象。

3. 提供物流增值服务，提高物流利润

建立物流信息系统，为物流委托方提供增值服务以及经过整合以后的增值信息，可以开拓虚拟物流联盟的利润源泉。首先，信息系统服务能力是决定物流增值服务的广度及深度的重要因素之一；其次，完善、高效的物流信息系统能很大程度地提高运作效率，从而节省成本、增加效益；最后，物流信息系统的运用促进了与客户的整合，整合运作的规模效益能够取得比其他资源更高的价值，从而创造增值效益。

4. 优化社会物流资源

目前，我国拥有大量的社会闲散物流资源，大量的运输、仓储等各个物流环节的企业普遍资源过剩，缺乏有效的统一管理，造成尽管有大量的物流需求者却难以找到物流服务方。因此，构建虚拟物流联盟，运用信息技术实现各物流过程的资源重组，将大大减少物流资源的浪费，这将对物流资源的有效配置起到很好的引导作用。

总之，虚拟物流联盟通过信息技术将物流各个环节整合，实现信息的统一共享和物流资源的统一管理，从而提高社会资源利用率，降低物流成本，改善物流企业在物流市场中的竞争劣势。

5.4.2 虚拟物流联盟信息平台的特征与作用

信息平台构成了虚拟物流联盟组建和运行的基本环境，通过提供构筑在信息平台基础上的物流联盟运行环境，实现了物流联盟的信息管理。考虑到虚拟物流联盟的组织动态性以及虚拟物流联盟运行所要求的开放性和及时性，必须建立一个公开标准的信息平台，否则会由于各物流企业自身信息系统的特征而导致虚拟物流联盟运作时在信息传递和组织沟通方面存在障碍。

1. 信息平台的特征

戴勇（2002）指出虚拟物流联盟的信息平台应该具有以下特征[4]：

（1）开放性

由于虚拟物流联盟本身的组织动态性，经常有企业加入或退出联盟，因此虚拟物流联盟的信息平台应该具有开放性，以便可以与外界环境进行信息交换。

（2）兼容性

由于组成虚拟物流联盟的成员企业都有各自的信息管理系统，因此虚拟物流联盟的信息平台应该具有兼容不同系统的能力，以实现相互之间的无缝连接。

（3）及时性

虚拟物流联盟的典型特点是敏捷性，其物流业务的实现严重依赖及时可靠的物流信息，否则很可能因为某一环节的信息滞后而造成物流业务进程中“牛鞭效应”的出现。

（4）广泛性

由于虚拟物流联盟是基于物流业务而构建的，市场机遇的捕捉需要物流信息的广泛收集和整理。

2. 信息平台的作用

虚拟物流联盟的信息平台在组织运行中发挥着如下几个方面的重要作用：

（1）实现物流业务流程的重组，对成员企业的物流系统进行信息管理；

（2）保证虚拟物流联盟的运营；

（3）物流信息的发布、整合，提供信息服务；

（4）完成虚拟物流联盟各成员企业的物流职能。

5.4.3 基于3G的虚拟物流联盟信息平台

1. 基于3G的物流信息平台

3G（3rd-generation），即第三代移动通信技术的简称，是指支持高速数据传输的蜂窝移动通信技术。目前3G在我国主要用于移动通信和汽车位置服务、智能交通、智能电网等方面，并且伴随着现代物流业的不断发展，3G在物流领域的应用也初现端倪。3G物流是指物流的运输、仓储、配货等一系列过程通过配置3G手机或是专门终端的车辆或便携电脑来实时监控、调度、管理，即将3G

的各种服务功能用于物流过程。

3G 物流需要通过构建相应的信息平台来实现。3G 物流信息化是以互联网为基础，并在此基础上延伸和扩展，把物品和互联网按照约定的协议，通过射频识别（RFID）、红外感应器、全球定位系统、激光扫描等信息传感设备进行信息交换、传递和交流，从而实现智能化识别、定位、跟踪、监控和管理的一种网络。3G 物流信息化具有动态性、可视性、实时性、便捷性等优点，可以使整个物流过程通过 3G 视频进行显示，并通过 GPS 实现全程实时跟踪，使仓储、包装、加工、装卸、运输等活动信息实现可视化，从而准确掌握物流任务的完成情况和进度。不仅如此，3G 物流信息化可以使物流各环节相互连接，消除信息孤岛，以便实时调度，全面提升物流效率和质量。

2. 虚拟物流联盟在 3G 物流信息平台上的实现机理

（1）3G 物流信息平台对虚拟物流联盟的支撑作用

虚拟物流联盟可以借助于 3G 物流信息平台的优势，实现对整个联盟目标的实时动态跟踪及资源调度，从而使各联盟成员从事的仓储、包装、加工、装卸、运输等活动实时可控，进而使整个物流活动顺利进行。

（2）虚拟物流联盟实现的 3G 物流信息平台

3G 物流信息化在虚拟物流联盟中的运用主要是通过位置服务、物流 e 通、远程诊断、通信服务和呼叫中心等服务实现信息流、资金流和物流的三流合一。

位置服务主要是通过智能标签实现对物品的在线跟踪，以及通过 GPS 进行定位和寻找最优的运输路线，减少流通成本、降低物流能耗。

物流 e 通是随着 3G 技术的发展以及手机的快速普及，将物流、互联网和金融三者有机结合的一种新型电子服务商务。物流 e 通主要用于监控、配送和支付问题，这样可以大大提升整个物流过程的安全性。虚拟物流联盟的各个成员在加入 3G 物流信息平台时要预先支付保证金，也要接受道德和经济的双重制约，并签订相关电子协议。如果在接受订单完成任务的过程中物品丢失，就可以通过物流信息平台获得赔偿。

另外，客户可以通过虚拟物流联盟的信息平台发出需求，盟主及各成员将通过 3G 技术从手机或网络上获得订单通知，盟主通过信息平台发出联盟通知，各成员通过 3G 视频通话进行商议，如果不愿意接受订单，可以远程征求客户的意见，将该业务外包给其他物流企业或联盟；如果决定接受订单，就在盟主的协调之下达成联盟协议，通过 3G 资讯服务功能来查看自身的资源情况，如仓储资源、运输资源、渠道资源等，再按照订单需求进行资源整合优化和分工，然后开始执行任务。各物流企业只需要通过 3G 手机或是便携电脑向各自的公司布置任务，并通过物品标识、追踪、GPS 定位功能实时跟踪。当出现任何状况时，可以通过 3G 技术进行远程诊断和分析，通过呼叫中心，以最近的距离，最低的成本解决问题，实现各自利益最大化。

（3）实现 3G 虚拟物流联盟信息平台的关键要素

曹钰瑶和黄世祥（2012）提出，实现 3G 虚拟物流联盟信息平台的关键要素包括[42]：

① 以信息流为导向的新物流理念

传统的物流以商流为中心，而虚拟物流联盟的运作是以信息为中心，并将商流与信息流相结合，这就决定了基于 3G 的虚拟物流联盟信息平台是将信息流、资金流、商流三流合一，这需要彻底摒弃传统的以商流为导向的物流理念，树立以信息流为导向的新物流理念。

② 物流基础设施建设

物流基础设施是保障虚拟物流联盟高效、顺畅运行的基础条件。相对于传统的物流模式，虚拟物流联盟最主要的优势是提高了物流效率、降低了物流成本、提升了物流质量。而这一切要归因于仓储物流设施、交通运输物流设施、相关物流设备设施、网络设施等物流基础设施的建设，尤其是网络设施的建设。基于 3G 平台的虚拟物流联盟对网络设施提出了较高的要求，须携带专门 3G 终端的手机或其他便携终端设备来操纵和监控整个物流过程。基于互联网建立各物流联盟成员间开放的、共建共享的包括各物流环节和物流线路的物流网络，涉及交通运输和仓储物流等物流基础设施。

③ 信息化建设

信息化建设是虚拟物流联盟组织运行的基础。整个物流过程的核心是信息，通过信息的互通共享，盟主企业可以自由地调整和调度各联盟成员的资源。而基于 3G 的虚拟物流联盟需要对各联盟成员的仓储、包装、加工、装卸、运输等进行实时监控，对车辆、人员等资源进行实时调度。首先，在下订单时需要从信息平台上获取相关数据和资源；其次，需要通过信息平台来调配仓储、运输资源；然后在物流运输过程中，还要通过 3G 的实时功能、GPS 定位功能等来解决突发状况；最后，还要将交易信息通过信息平台及时反馈给各联盟成员。

④ 人才因素

虚拟物流联盟的运作过程是复杂的，需要既熟悉信息技术，又懂现代物流管理的复合型人才，也还需要在仓储、运输、装卸等方面的专业物流人才。其主要原因在于：首先，虚拟物流联盟需要盟主通过信息平台来召集盟友，获取订单信息，分配和整合各企业资源、监控整个物流活动过程，并完成任务进行利润分配，直至最后解散联盟，整个过程都离不开信息技术的支持；其次，在虚拟物流联盟运作过程中，需要有物流管理经验的人员负责组织、协调整个物流活动，合理调整和调配各联盟成员的人力和物力，协调仓储、运输和装卸过程中的资源调配，从容处理物流过程中所出现的状况，保证物流活动顺利地进行。

当基于3G的虚拟物流联盟得到广泛运用和发展时，物流企业必将获得更大的发展机遇，借助联盟的力量，企业可以不必在争取市场份额方面花费太多的成本，而只要集中主要精力发展核心技术和力量，就可以使自身的竞争力不断得到提升。

本章小节

虚拟物流联盟的构建过程是一个不断循环的动态调整过程。本章在对虚拟物流联盟构建过程进行分析的基础上，对组织构建阶段的伙伴选择、契约规制设计以及信息平台的构建三项内容分别进行了重点介绍。

首先，根据虚拟物流联盟构建过程中需要考虑的关键问题，采用IDEFO建模方法分析了其构建过程，并详细阐述了在虚拟物流联盟的机遇识别、组织构建、动态运作和解体四个阶段的主要内容。

其次，结合我国物流企业联盟现状，提出伙伴选择过程中应遵循的核心能力原则、经济原则、敏捷性原则和风险最小化原则；对现有研究提出的伙伴选择的理论和实践评价指标体系进行综述；并针对现有研究普遍采用的静态评价方法的缺陷，提出将基因组方法运用于虚拟物流联盟的伙伴选择与优化过程的研究思路。

然后，在对委托代理问题分析的基础上，结合虚拟物流联盟的双边规则契约特征，介绍了虚拟物流联盟的激励机制、监督机制和利润分配机制等契约规则的设计问题。

最后，针对信息技术在虚拟物流联盟中的重要性，提出了构建基于3G技术的虚拟物流联盟信息平台的思路；并在对信息平台的特征、作用分析的基础上，探讨了利用3G平台实现虚拟物流联盟的机理和构建3G虚拟物流联盟信息平台的关键要素。

参考文献

[1] 汪贻生，王丰，姜大立．虚拟物流组织构建过程［J］．交通运输工程学报，

2004, 4 (4): 79 - 83.

[2] 郑毅延, 王健. 基于核心竞争力的我国虚拟物流企业联盟建立路径探析 [J]. 物流科技, 2006, 29 (134): 68 - 71.

[3] 王丹, 杨晓春. 基于模糊层次分析法实现虚拟企业中的伙伴选择 [J]. 东北大学学报: 自然科学版, 2000, 21 (6): 606 - 609.

[4] 戴勇. 虚拟物流企业联盟的构建与管理 [D]. 上海: 上海海运学院, 2002.

[5] 盛立新. 虚拟物流企业伙伴选择研究 [D]. 合肥: 国防科学技术大学, 2009.

[6] 唐宏祥, 何建敏, 刘春林. 基于交易成本的供应链战略伙伴关系量化 [J]. 系统工程理论方法应用, 2004, 13 (2): 138 - 141.

[7] Wilson E L. The Relative Importance of Supplier Selection Criteria: A Review and Update [J]. International Journal of Purchasing and Materials Management, 1994, Summer: 35 - 41.

[8] Mummalaneni V, Dubas K M, Chao C. Chinese Purchasing Managements Preferences and Trade-offs in Supplier Selection and Performance Evaluation [J]. Industrial Marketing Management, 1996, 25: 115 - 124.

[9] Kraljic P. Purchasing must Become Supply Management [J]. Harvard Business Review, 1983, 61 (5): 109 - 117.

[10] 刘晓, 等. 供应商选择模型与方法综述 [J]. 中国管理科学, 2004, 12 (1): 139 - 148.

[11] Timmerman E. An Approach to Vendor Performance Evaluation [J]. Journal of Purchasing and Supply Management, 1986, 1: 27 - 32.

[12] 郎会成, 蔡连侨. 物流经理业务手册 - 掌握工作方法与技巧的捷径 [M]. 北京: 机械工业出版社, 2001.

[13] Vickery S K, Jayaram J, Droge C, et al.. The Effects of an Integrative Supply Chain Strategy on Customer Service and Financial Performance: Ananalysis of Direct versus Indirect Relationship [J]. Journal of Operations Management, 2003, 21: 523 - 539.

[14] 唐纳德·J·鲍尔索克斯, 戴维·J·克劳斯. 物流管理: 供应链过程的一体化 [M]. 北京: 机械工业出版社, 2002.

[15] Fawcett S E, Cooper M B. Logistics Performance Measurement and Customer Success [J]. Industrial Marketing Management, 1998, 27: 341 - 357.

[16] 张化, 施国洪. 企业物流系统的经济评价方法探析 [J]. 价值工程, 2004

(5)：123 - 125.

[17] 刘长未，等．模糊综合评判在物流系统评价中的应用［J］．中国机械工程，2004，15（14）：1309 - 1311.

[18] 马雪芬，等．供应链管理环境下第三方物流企业的评价选择［J］．计算机工程与应用，2003（2）：7 - 9.

[19] 刘秉镰，王鹏姬．基于平衡计分卡的物流企业绩效层次分析［J］．中国流通经济，2003（7）：58 - 61.

[20] 王伟，刘巍，郭志强．基于可拓的第三方物流企业的评价选择［J］．大连海事大学学报，2003，29（4）：83 - 86.

[21] Mentzer J T, Donrad B P. An Efficiency/Effectiveness Approach to Logistics Performance Analysis [J]. Journal of Business Logistics, 1991, 12: 33 - 61.

[22] 孙国庆．虚拟物流企业联盟合作伙伴选择方法研究［D］．上海：同济大学，2004.

[23] 戴勇．基于 AHP 的 DEA 分析基础上的虚拟物流企业联盟伙伴选择［J］．系统工程，2002，20（3）：47 - 51.

[24] Hardland C. International Comparision of Supply Chain Relationships [J]. Logistics Information Management, 1996, 19 (4): 35 - 38.

[25] Zineldin M A. An Ecological Collaborative Relationship Management [J]. European Journal of Marketing, 1998, 32 (11): 1138 - 1164.

[26] Dong P M, Cannon J P. An Examination of the Nature of Trust in Buyer-seller Relationships [J]. Journal of Marketing, 1997, 61 (2): 35 - 51.

[27] Roodhooft F, Konings J. Vendor Selection and Evaluation: A Activity-based Costing Approach [J]. European Journal of Operation Research, 1996 (96): 97 - 102.

[28] 陆金伟，达庆利，陆鸿运．虚拟企业的特点和案例分析［J］．管理工程学报，1999，13（3）：49 - 51.

[29] 马士华，林勇，陈志祥．供应链管理［M］．北京：机械工业出版社，1999.

[30] 汪贻生，等．虚拟物流组织伙伴选择与优化方法研究［J］．工业工程，2004，7（6）：20 - 25.

[31] 李芳，乞建勋，牛东晓．AHP 法在虚拟物流中心伙伴选择中的应用［J］．华北电力大学学报，2004，31（4）：82 - 85.

[32] 杨华龙，李伟，王章勇．国际航运物流虚拟联盟伙伴选择研究［J］．中国航海，2006（2）：64 - 65.

[33] 李华焰，马士华，林勇．基于供应链管理的合作伙伴选择问题初探 [J]．物流技术，2000 (3)：27 - 30.

[34] 冯蔚东，陈剑．基于遗传算法的动态联盟伙伴选择过程及优化模型 [J]．清华大学学报：自然科学版，2000，40 (10)：120 - 124.

[35] Talluri S, Baker R C. A Quantitative Framework for Designing Efficient Business Process Alliance [J]. International Conference on Engineering Management and Control (IEMC), 1996: 656 - 661.

[36] 陆金伟，达庆利．一种选择虚拟企业伙伴的框架 [J]．管理工程学报，2000，14 (4)：19 - 22.

[37] Camarinha-Matos L M, Afsarmanesh H. The Virtual Enterprise Concept [C]. In: IFIP TC5 WG5. 3/PRODNET Working Conference on Infrastructure for Virtual Enterprise, Porto, Portugal, October 27 - 28, 1999: 3 - 14

[38] Moore D. Project Management: Designing Effective Organizational Structures [M]. London: BlackWell Publishing Limited, 2002: 164 - 192.

[39] 包耀东．虚拟物流企业联盟的组建及运营管理 [D]．昆明：昆明理工大学，2007.

[40] 李亚东．面向全生命周期的虚拟物流组织研究 [M]．天津：天津大学，2006.

[41] 李芳．虚拟物流中心构建的管理理论研究 [D]．保定：华北电力大学，2004.

[42] 曹钰瑶，黄世祥．基于3G平台的虚拟物流联盟发展研究 [J]．中国市场，2012 (2)：8 - 10.

第6章

基于基因组方法的虚拟物流联盟组织优化

作为21世纪一种新的物流组织管理模式，虚拟物流联盟已引起社会各界的广泛关注。虚拟物流联盟没有固定的组织形式，需要根据外界环境的不断变换适时地选择最相关的组织结构，这使得虚拟物流联盟的组织优化问题显得尤其重要。虚拟物流联盟组织结构的多态性使得传统机械式的组织设计方法很难运用到该物流环境中来，而基因组方法的提出为虚拟物流联盟的组织优化提供了新思维。本章首先在与一般的组织优化方法比较分析的基础上引入了基因组方法的思想，并给出了具体的实现方法和研究框架。继而初步形成了基于基因组方法的虚拟企业组织优化理论，并对其中的基于多种群协同进化策略的基因重组问题进行了重点研究。

6.1 基因组方法在虚拟物流联盟组织优化中的应用

人类进入21世纪后，企业的组织环境发生了很大的变化，市场需求的多样化客观上要求企业必须具有快速响应能力。虚拟物流联盟因它能够敏捷地响应顾客的定制化服务而成为了这个时代的一种新型的物流管理模式。对市场环境的被动适应能力和主动创新能力是敏捷性的两个方面。为了动态地响应市场环境中出现的机遇和威胁，虚拟物流联盟必须通过外部资源的整合和内部组织的重构，使项目组织结构具有最大的灵活性来提高其适应能力和创新能力。由此可见，对虚拟物流联盟来说实时地实施组织优化就显得尤其重要。

6.1.1 基因组方法在虚拟物流联盟组织优化中的适用性分析

人类对于生物遗传基因的研究始于20世纪初，1926年Morgan的《The Theory of the Gene》一书的出版标志着基因学说的创立。随着研究的深入，基因理论开始在企业领域运用。2002 年 David Moore 在《Project Management：Designing Effective Organizational Structures》一书中将一种模仿物种发展过程中的基因组方法运用于项目组织优化中[1]。鉴于虚拟物流联盟的项目组织特性，我们尝试采用基因组方法设计虚拟物流联盟的最优结构，目的是为虚拟物流联盟组织设计的研究开辟一条新的途径。

组织设计是环境、战略、生命周期、技术和组织文化等多个权变因素共同作用的结果（Daft，2001）[2]。不同类型的组织结构适合于不同的情境，满足不同的需要。故我们从影响组织结构的权变因素的角度，分析虚拟物流联盟组织设计的特征，并从理论上论证基因组方法在虚拟物流联盟组织优化设计过程中的适用性（如表 6－1 所示）。

表 6－1　　基因组方法在虚拟物流联盟组织优化中的适用性分析

	虚拟物流联盟	基因组方法在虚拟物流联盟组织优化中的适用性
环境	快速变化的外界环境	生物系统的基因组织结构，具有快速反应能力
战略	适应型和创新型战略	灵活的组织结构，提高了适应性和创新性
生命周期	生命周期特性	多样性的组织结构，针对不同的项目阶段选择最相关的结构
技术	以信息技术为基础的网络型组织	开放式的自由组织结构，有利于信息的自由流动
组织文化	学习型组织	基因遗传，将学习到的优良特性传递到未来的组织中

1. 从环境角度来看

在后现代社会的今天，组织面临的环境相当不稳定。为了应对充满复杂性和意料之外变化的环境，代替工业时代机械式的组织思想，虚拟物流联盟采用了生物系统思想的新范式。虚拟物流联盟的组织结构类似于生物体的基因组成，只有将模仿生物发展过程的基因组方法应用于虚拟物流联盟的组织结构设计中，才能使虚拟物流联盟满足环境的需求。

2. 从战略角度来看

为了应对外界环境的快速变化，虚拟物流联盟采取适应型和创新型相结合的战略，这客观上要求虚拟物流联盟的组织结构具有较大的灵活性。而基因组方法作为一种灵活的、成功概率相对较高的新方法，可以通过灵活的组织结构来提高虚拟物流联盟的适应性和创新性。

3. 从生命周期角度来看

虚拟物流联盟是一种动态的组织形式，它的全生命周期包括机遇识别、组织创建、动态运行和解体四个阶段。虚拟物流联盟的动态特性使得它具有了项目组织的特征。虚拟物流联盟是具有不同核心竞争力的企业共同合作，为完成某一物流服务而组成的一种新的组织形式，它以分布、协调的方式实现项目任务。虚拟物流联盟的项目组织特性客观上要求采用基因组方法进行组织设计，以实现多样性的组织结构，并针对不同的项目阶段选择最相关的结构。

4. 从技术角度来看

运用基因组方法设计的开放式的自由组织结构，可以排除组织壁垒，促进成员的沟通合作，实现组织间信息的自由流动，适合于虚拟物流联盟组织结构的需要。虚拟物流联盟是多个企业组成的临时性网络，包括供应商、客户、甚至竞争对手，它们通过信息技术的连接实现技术、成本、市场的共享。在这种以信息技术为基础的网络型组织结构中，信息技术是虚拟物流联盟得以发展的关键要素，信息网络为地理分布的企业提供了建立联系、共同工作的重要渠道。

5. 从组织文化角度来看

虚拟物流联盟作为一种学习型组织包含了基因组方法的思想，它的主要目标就是将项目中学习到的优良特性传递到未来的项目中去。运用基因组方法设计的虚拟物流联盟组织结构通过基因遗传实现组织学习，符合了学习型组织的需要。学习型组织能够促进沟通和合作，使组织中的每个人都参加到问题的识别和解决中，这样组织就能持续不断地探索、改进和提高能力，并把这种改进后的能力不断传承下去。

通过从环境、战略、生命周期、技术和组织文化角度对虚拟物流联盟组织设计特征的分析，可以看出，虚拟物流联盟是一个特别适合于基因组方法应用的环境，基因组方法为在虚拟物流联盟项目组织结构的接近最大可能空间中找到最优化的结构提供了可能。

6.1.2 虚拟物流联盟组织优化方法的比较分析

基因组方法作为一种生物学研究方法，近年来已经开始在项目组织优化设计中运用。而虚拟物流联盟的项目组织结构特性包含了基因组方法的思想，即它的一个主要目标是将项目中学习到的优良特性传递到未来的组织中去，这使得基因组方法非常适用于实现虚拟物流联盟组织优化。与其他方法相比，在虚拟物流联盟组织优化中基因组方法具有显著优势（如表6-2所示）。

表 6-2　　虚拟物流联盟组织优化方法的比较分析

	基因组方法		一般优化方法	
	特点	实现方法	特点	实现方法
优化深度	基于基因层面	基因重组技术	基于组织层面	最优合作伙伴选择、合作伙伴间最优合作方式选择、多功能项目组优化配置等
优化方式	基因的外部选择	基因库建立	外部资源整合	合作伙伴选择
	基因的内部重组	基因重组和突变	内部组织重构	流程再造
	基因遗传	基因复制	企业文化塑造	组织学习
优化过程	实时优化	最优自适应控制（组织基因的选择、检测和重组）	随机优化	开环控制

（1）基因组方法揭示了虚拟物流联盟可持续发展的原动力，是更深层次的组织优化方法。基因组方法运用基因重组技术实现组织优化，是基于基因层面的组织优化方法；而现有文献通常是从最优合作伙伴选择、合作伙伴间最优合作方式选择和多功能项目组优化配置等方面来实现组织优化，是基于组织层面（熊斌等，2002）[3]的组织优化方法。

（2）基因组方法是系统的组织优化方法。基因库的建立为基因重组、突变和复制奠定了基础，这样就可以实现基因外部选择、内部重组和遗传问题的有机结合。而现有文献通常将外部资源整合、内部组织重构和企业文化塑造这三个方面孤立起来对虚拟物流联盟组织优化问题进行研究。要么从合作伙伴的选择来研究，过多地强调外部资源的整合；要么从流程再造来研究，过多地强调内部组织的重构；或者从如何通过组织学习来实现对企业文化的塑造来研究。

（3）基因组方法以实现最优自适应控制为目的，是一种实时优化方法。整个优化控制过程包括组织基因的选择、检测和重组三个环节，其中组织基因的选择是实现组织优化的前提和基础；组织基因的检测为组织优化提供评价依据；而组织基因的重组是组织优化的实施过程。为了应对不断变化的外界环境，适时地进行组织基因的选择、检测和重组，以保持虚拟物流联盟的适应性和创新性。而现有文献在谈到组织优化问题时，很少以对虚拟物流联盟组织状况的实时评价为依据，这是一种开环控制模式，整个组织优化过程是随机进行的。

6.2 基于基因组方法的虚拟物流联盟组织优化研究框架

虚拟物流联盟的生命周期特性及组织结构本身的复杂性，使得组织优化问题变得异常复杂。整个优化过程涉及虚拟物流联盟项目基因组织结构的方方面面。基于基因组方法，我们建立了如图 6－1 所示的虚拟物流联盟组织优化理论研究框架。

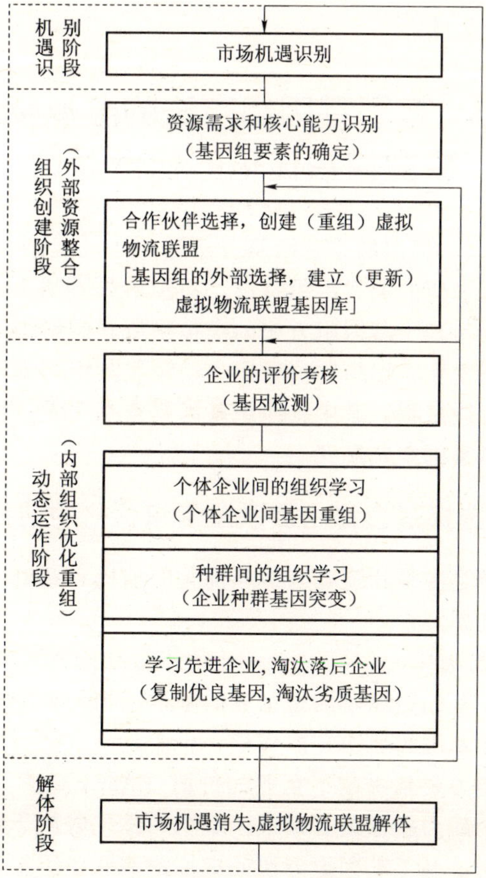

图 6－1　基于基因组方法的虚拟物流联盟组织优化研究框架

虚拟物流联盟的全生命周期包括市场机遇识别、组织创建、动态运作和解体四个阶段。市场机遇识别阶段主要是捕捉物流市场机遇；在组织创建阶段，虚拟物流联盟实现的是外部资源的整合。首先识别到市场机遇的核心企业，通过对实施项目所需要的资源和自身核心能力的识别，确定虚拟物流联盟的基因组要素。并根据确定好的基因组要素，选择合作伙伴，创建虚拟物流联盟，这个过程同时也是基因组的外部选择和虚拟物流联盟基因库的建立过程。在动态运作阶段，虚拟物流联盟实现的是内部组织的优化重组。在组织学习过程中实现了基因的重组和突变后，根据企业评价考核实现的基因检测结果，将具有优良特性的基因进行复制，而将劣质基因淘汰，并补充一些新的基因以更新虚拟物流联盟基因库。内部组织重构过程在虚拟物流联盟存续期间是一个不断循环反复的过程，各组织层次的优化过程在顺序上相连，时间上继起，空间上并存。在解体阶段，市场机遇消失，虚拟物流联盟解体。

6.3 基于基因组方法的虚拟物流联盟组织优化的初步理论

我们在 David Moore 提出的将基因组方法运用于项目组织优化中的思想基础之上，结合虚拟物流联盟的项目组织特性，初步形成了基于基因组方法的虚拟物流联盟组织优化理论。基于基因组方法的虚拟物流联盟组织优化实质上是指为了适应市场环境的动态变化，虚拟物流联盟主动调整其组织基因要素并提高基因要素竞争能力的一种持续过程。其中，组织基因要素是关键，组织基因选择、检测和重组三个环节都紧紧围绕其展开。

6.3.1 组织基因选择是虚拟物流联盟组织优化的前提和基础

组织基因的选择是虚拟物流联盟组织优化的前提和基础，它包括基因组要素的选择和基因组的选择。

1. 基因组要素的选择

作为企业能力要素的组织基因是企业的基本结构元素，就像人的体态特征是由一系列复杂的人类基因组所决定的那样，企业是一个能力要素的组合，正是分布于企业中的这些能力要素决定了企业的价值（Aurik et al.，2003）[4]。企业的组织基因由许多单个能力要素组合而成，组织的优化取决于组织基因中的那些能力要素能否独立出来。基于基因组方法的虚拟物流联盟组织优化就是要将组织基因中的那些能力要素独立出来并进行优化重组，以使其竞争能力得以增强。信息技术的广泛运用为优化“基因”能力要素提供了可能，甚至成为这一能力要素优化的驱动因素（徐宏玲等，2005）[5]。

在组建或者更新虚拟物流联盟基因库前必须首先确定“基因”能力要素。“基因”能力要素是最基本的可以识别的增值要素（Aurik et al.，2003）[4]。虚拟物流联盟与传统的物流企业形式不同，它是按照物流管理要素组织起来的知识联盟体。在虚拟物流联盟中，只有那些物流管理要素才是可以识别的物流增值服务要素。因而，虚拟物流联盟组织基因是指物流管理要素。

2. 基因组选择

个体企业是基因组的载体，因此基因组选择实质上是指个体企业的选择过程。基因组的选择分为适应性和创新性选择两类。

（1）适应性选择

在市场环境中对个体企业的选择过程称为个体企业的外部选择，这种选择体现了适者生存的自然法则，是一种适应性选择。对虚拟物流联盟而言，基因组的外部选择是指物流联盟的组建（重组）过程。在虚拟物流联盟创建之初，这种适应性选择的结果是组建了虚拟物流联盟基因库；在虚拟物流联盟运营过程中，这种适应性选择的结果是通过个体企业的插入实现了虚拟物流联盟基因库的更新。

（2）创新性选择

在企业（有机体）内部对个体企业的选择称为个体企业的内部选择，这种选择是一种创新性选择，其目的是挑选优良基因进行个体繁殖以增强企业的创新性。对虚拟物流联盟而言，基因组的内部选择是指虚拟物流企业的组建过程。

在这里我们重点讨论的是适应性选择，而有关创新性选择的研究，我们将在组织基因的重组部分探讨。个体企业的外部选择以“基因”能力要素的要求为选择依据。为了更好地说明个体企业的外部选择过程，在这里引入由初始基因组构成的虚拟物流联盟组织基因遗传模型：

$$OG = C(Pu、Tr、Wa、LH、Pa、DP、Di、LI) \quad (1)$$

其中，OG代表虚拟物流联盟的组织基因，是由采购、运输、仓储、装卸搬运、包装、流通加工、配送、物流信息等多种功能要素构成的初始基因组；C函数是外部选择函数；Pu、Tr、Wa、LH、Pa、DP、Di、LI分别是在这些物流功能要素方面具有较强能力的个体企业。由模型（1）可见，个体企业的外部选择以物流功能要素的最优组合为依据。

6.3.2 组织基因检测为虚拟物流联盟组织优化提供评价依据

组织基因的检测为虚拟物流联盟组织优化提供评价依据。在虚拟物流联盟组织优化过程中，需要对组织基因“遗传密码”的排列顺序、对应关系等内在规律进行检测，以便可以根据检测的结果来实时地对虚拟物流联盟实施优化。

特定的“遗传密码”反映出企业所具有的特定能力，其不同的排列组合方式决定企业与企业的差异（徐宏玲等，2005）[5]。虚拟物流联盟 DNA 的“遗传密码”是按照联盟合作伙伴间契约关系建立起来的组织规则。为了更好地揭示组织优化过程中的“遗传密码”，将构成虚拟物流联盟的初始基因组加以扩展，得到扩展后的基因组构成的虚拟物流联盟组织基因遗传模型：

$$OG = A(k_1, k_2, \cdots, k_n) \tag{2}$$

A 函数是虚拟物流联盟的遗传基因密码，代表物流管理要素间的组织规则，由于受诸多因素的影响而呈现高度非线性；（$k_1, k_2, \cdots, k_n$）是构成虚拟物流联盟的扩展基因组，扩展基因组的每一个“基因”能力要素都是构成不同类型的物流企业的核心竞争能力。这些扩展基因要素可以分解为更基本的物流管理能力，正是这些更基本的物流管理能力决定了企业的采购、运输、仓储、装卸搬运、包装、流通加工、配送、物流信息等方面的物流服务能力。也正是这些更基本的物流管理能力为不同企业之间组织基因的重组提供了可能。

虚拟物流联盟是由若干物流企业组成，为了对物流企业的组织状况实时检测，以便更好地实现物流企业之间的组织基因重组，在这里引入物流企业组织基因遗传模型

$$og = a(k_1, k_2, \cdots, k_n) \tag{3}$$

og 是物流企业的组织基因；a 函数是物流企业的遗传基因密码，同样由于受诸多物流管理能力要素的影响，也呈现高度非线性。对不同种类的物流企业来说，这些物流管理能力的组织规则是不同的；而对于同一类的物流企业来说，这些物流管理能力的组织规则是类似的。将模型（3）根据个体企业物流服务能力的不同加以具体化，得到采购、运输、仓储、装卸搬运、包装、流通加工、配送、物流信息等物流企业的组织基因遗传模型：

$$Pu = a_{Pu}(k_1, k_2, \cdots, k_n) \tag{4}$$

$$Tr = a_{Tr}(k_1, k_2, \cdots, k_n) \tag{5}$$

$$Wa = a_{Wa}(k_1, k_2, \cdots, k_n) \tag{6}$$

$$LH = a_{LH}(k_1, k_2, \cdots, k_n) \tag{7}$$

$$Pa = a_{Pa}(k_1, k_2, \cdots, k_n) \tag{8}$$

$$DP = a_{DP}(k_1, k_2, \cdots, k_n) \tag{9}$$

$$Di = a_{Di}(k_1, k_2, \cdots, k_n) \tag{10}$$

$$LI = a_{LI}(k_1, k_2, \cdots, k_n) \tag{11}$$

Pu、Tr、Wa、LH、Pa、DP、Di、LI 分别表示采购、运输、仓储、装卸搬运、包装、流通加工、配送、物流信息等物流企业的组织基因；a_{Pu}、a_{Tr}、a_{Wa}、a_{LH}、a_{Pa}、a_{DP}、a_{Di}、a_{LI}分别表示采购、运输、仓储、装卸搬运、包装、流通加工、配送、物流信息等物流企业的遗传基因密码。各物流企业通过遗传密码决定其在采购、运输、仓储、装卸搬运、包装、流通加工、配送、物流信息等活动中的资源配置、组织安排。

根据检测结果，那些不适宜生存的基因组（物流企业）逐渐被淘汰出虚拟物流联盟，只保留下那些适宜生存的基因组（物流企业）以实现基因遗传。

6.3.3 组织基因重组是实现虚拟物流联盟组织优化的有效途径

从组织生态学来看，虚拟物流联盟是若干组具有不同核心能力的物流种群的共同体，每一个物流种群都是由一组相互作用的，且具有相同核心能力，即具有相似或相同关键产品、组织知识和技巧的物流企业构成。这些物流种群既可以直接对市场做出反应，又相互依存，依靠信息网络共同构成虚拟物流联盟（有机体）。虚拟物流联盟（有机体）和外部市场环境共同构成了虚拟物流生态系统。在虚拟物流生态系统中，组织的优化可以通过基因重组技术（Gene Recombinant Technique，GRT）来实现的。基因重组技术是现代分子生物技术发展中最重要的成就之一，也是基因工程（Gene Engineering，GE）的核心技术。它是人类根据需要选择目的基因（DNA 片段）在体外与基因运载体重组，再转入生物体内，而创造出具有新的遗传特征的生物类型的技术。基因重组、基因突变和基因复制是基因重组技术的核心和主要组成部分，它们之间的主要区别在于，基因复制是原样复制，是无性繁殖；基因重组和基因突变是有所变异的复制，是有性繁殖，其中基因重组是非等位基因组合关系的变化，是基因的重新组合，能够产生新的基因型，但并不产生新的基因；而基因突变是基因内部碱基对的增减或更换，是基因结构的改变，能够产生新的基因。

基于上述分析，我们认为组织基因重组是实现虚拟物流联盟组织优化的有效途径，因而提出了通过基因重组来实现虚拟物流联盟组织优化的研究思路。每个组织基因的分解与重构类似于人类的基因遗传，它包括物流企业间基因重组、物流种群基因突变和总最优物流企业基因复制三个环节。

1. 物流企业间的基因重组

基因重组（Gene Recombination，GR）是促进物种进化的因素，指两个独立基因组内的遗传基因，通过 DNA 链的断裂和连接而产生 DNA 片段的交换和重新组合，从而形成新的稳定基因组的过程。基因重组是整个基因的水平转移，通过产生新的基因型，导致受体获得该基因并表现其性状。基因型是指它遗传到的遗传信息；表现型是许多基因之间，基因和环境之间复杂的相互作用的结果，它可以在生命有机体的各阶段连续地改变。

虚拟物流生态系统中的物流种群是具有相同组织知识的企业集合体。这些属于同一种群的物流企业由于具有同种的基因（等位基因），相互之间可以进行基因重组。根据物流企业的“适应度”选择出优良的基因进行重组。这种基因重组方式虽然对物流种群的进化有一定的推动作用，但相对比较微弱，只能引起种群缓慢的进化。

由于可以把物流管理能力作为虚拟物流联盟的基因型类比物，物流企业间的基因重组通过知识获取机制提高物流企业的物流管理能力，以此来增强其基因的竞争能力。用函数关系来表达就是物流企业的适应度得到了某种程度的提高，其具体的变化趋势如图 6－2 所示。

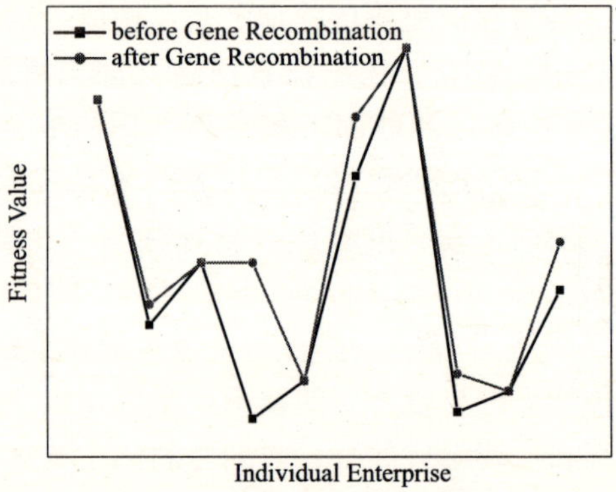

图 6－2　物流企业间基因重组过程中适应度变化趋势

2. 物流种群的基因突变

基因突变（Gene Mutation，GM）是物种变异的主要原因，也是物种进化的主要因素，指由于 DNA 碱基对的置换、增添或缺失而引起基因结构的变化，即基因中的脱氧核苷酸的排列顺序或数目发生了改变，从而导致遗传信息的改变。基因突变的频率虽然很低，但能产生新的基因，对生物的进化有重要意义。

虚拟物流生态系统包括采购、运输、仓储、装卸搬运、包装、流通加工、配送、物流信息等物流种群，这些种群由于具有的基因类型不同，彼此间不能进行基因重组，但由于受到其他种群的深度影响而发生基因突变。这种基因突变是一种深层次的基因突变，是对物流种群整体发生的基因突变。这种针对种群整体的基因突变使得物流企业间的基因重组表现为具有突变性质的基因重组。物流企业间基因的重组保证了物流种群的稳定性，种群整体的基因突变保证了物流种群的多样性。

物流种群基因突变通过知识共享机制实现对种群知识结构的改变，以此来改变其基因结构。用函数关系来表达就是物流种群的适应度得到了大幅提高，其具体的变化趋势如图 6－3 所示。

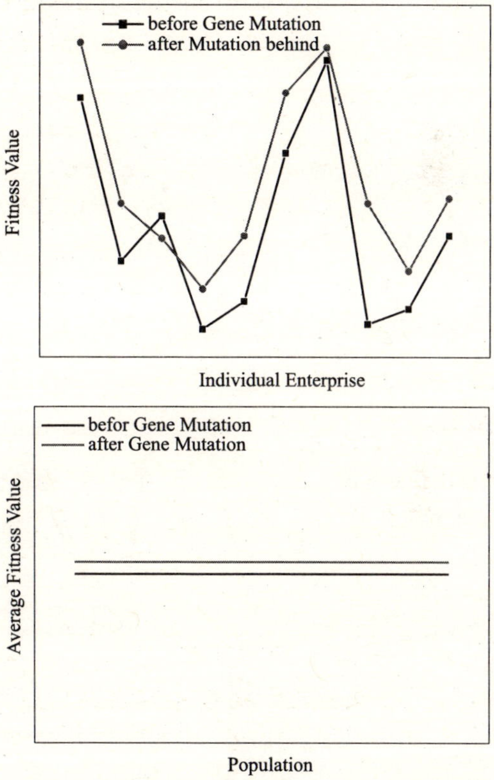

图 6－3　物流种群基因突变过程中适应度变化趋势

3. 总最优物流企业的基因复制

基因复制（Gene Clone，GC）是指通过人工诱导的无性繁殖方式——裂变来繁殖基因完全相同的后代个体。基因通过复制的方式实现增值。基因复制是促进新生物功能产生的进化推动力，也是产生新基因和引发基因组革新的一种重要机制。

要将物流企业间基因重组和物流种群基因突变后得到的总最优物流企业的优

良特性传递到其他种群中，还必须在各物流种群间进行总最优企业基因的自我复制。同时，将一些具有劣质基因的物流企业淘汰，并补充一些新的基因进入虚拟物流联盟基因库。

在虚拟物流联盟中，总最优物流企业基因的复制通过知识集成机制来实现，即一方面是根据合作伙伴间的合作协议要求，通过盟主企业对合伙企业的培训来实现，另一方面是通过合伙企业主动向先进企业学习来实现。总最优物流企业基因的复制增强了虚拟物流联盟（有机体）在“市场生态”中的竞争能力。用函数关系来表达就是虚拟物流联盟（有机体）的适应度得到了全面提升，其具体的变化趋势如图6－4、图6－5、图6－6、图6－7所示。

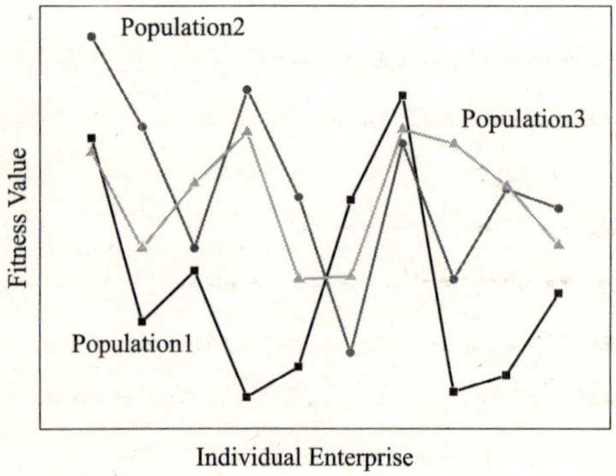

图6－4　总最优物流企业基因复制前个体企业适应度

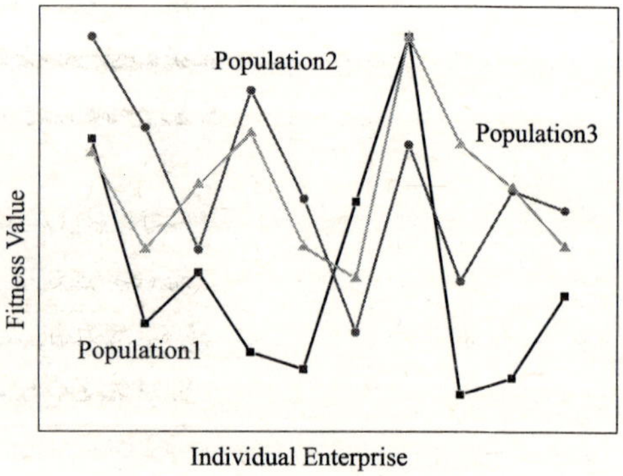

图6－5　总最优物流企业基因复制后个体企业适应度

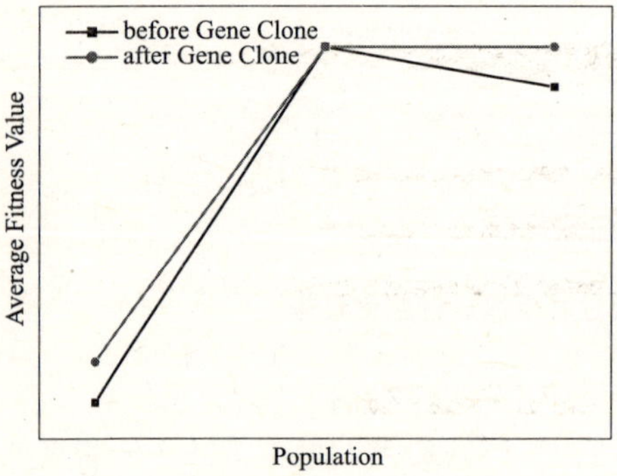

图6－6　总最优物流企业基因复制过程中种群平均适应度变化趋势

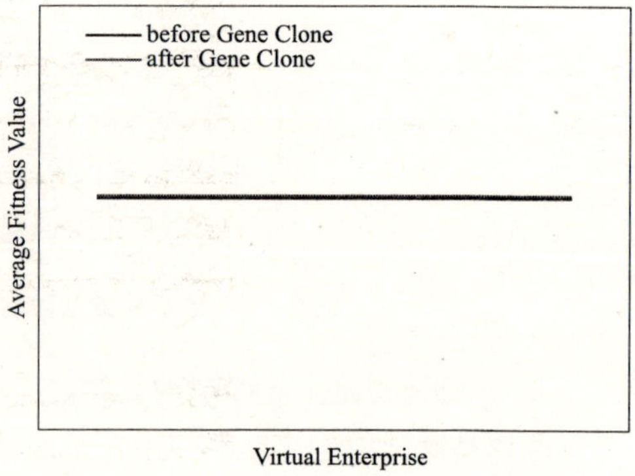

图6－7　总最优物流企业基因复制过程中虚拟物流联盟平均适应度变化趋势

6.4 多种群协同进化策略下的虚拟物流联盟基因重组

由以上分析，我们可以看出基因重组是实现虚拟物流联盟组织优化的有效途径。而在不同的策略下，组织优化的效率、效果不同。下面我们将基于现有的企业 DNA 理论，从概念、结构、基因组要素识别及基因重组原理等方面对虚拟物流联盟组织 DNA 的基本理论问题进行系统研究；并在此基础上提出在多种群协同进化策略指导下，通过生物学中的基因重组技术来实现虚拟物流联盟组织优化的思路；最后，通过基因重组模型的构建，研究多种群协同进化策略对虚拟物流联盟基因重组的影响。

6.4.1 虚拟物流联盟组织 DNA 的基本理论问题

虚拟物流联盟组织 DNA 理论是企业 DNA 理论在虚拟物流领域的具体运用，也是企业 NDA 理论在新环境下的深化和发展。虚拟物流联盟作为 21 世纪一种新的物流管理模式，既具有传统物流企业模式的共性，又具有其独特性。故我们在企业 DNA 理论研究的基础上，从概念、结构、基因组要素识别三个方面对虚拟物流联盟组织 DNA 的基本理论问题进行探讨，以为后续虚拟物流联盟基因重组问题的研究奠定基础。

1. 虚拟物流联盟组织 DNA 的概念

虚拟物流联盟这种特殊的组织构成使它的 DNA 表现出了与传统物流企业模式明显的差异性。作为一种有机生物体，虚拟物流联盟也有着自己的遗传基因。虚拟物流联盟组织 DNA 就是虚拟物流联盟的基因密码，是各合作企业 DNA 的有机组合，它决定了虚拟物流联盟全生命周期的种种特性。虚拟物流联盟与那些按照物流要素组织起来的传统物流企业形式不同，它是按照知识要素组织起来的知识联盟体，因而我们认为虚拟物流联盟 DNA 是一个知识管理能力要素的组合，正是这些分散在各合作企业的知识管理能力决定了虚拟物流联盟在“市场生态”中的知识地位。

2. 虚拟物流联盟组织 DNA 的基本结构

虚拟物流联盟组织 DNA 的基本结构包括“双螺旋”结构与基因结构两方面的内容。

(1)“双螺旋”结构

与生物体 DNA 的结构相类似，虚拟物流联盟组织 DNA 也呈“双螺旋”结构，“双螺旋”结构在DNA遗传活动中起主导作用。但对虚拟物流联盟而言，组织DNA的“双螺旋”结构又具有其特殊性。我们认为虚拟物流联盟组织DNA的“双螺旋”结构是由契约链和知识链构成，其中，契约链是虚拟物流联盟合作企业间契约关系的总和。虚拟物流联盟合作企业间的契约关系是建立在高度信任的基础之上，合作诚信、信用维系着契约关系的存在。知识链是虚拟物流联盟合作企业所具有的知识创新能力的总和。信息技术的广泛应用为虚拟物流联盟合作企业间的信息沟通提供了畅通渠道，在知识获取机制、知识共享机制和知识集成机制的驱动下虚拟物流联盟的知识管理能力不断创新。

虚拟物流联盟依靠契约性信任得以存在和发展，并依靠知识创新实现其价值的增值，因而契约链是基础链，知识链是增值链。正是在契约链和知识链的共同驱动下，虚拟物流联盟才得以协调发展。

（2）基因结构

虚拟物流联盟作为一种特殊类型的物流企业形式，与其他企业相同，其基因结构也是由组织架构（Structure）、决策权（Decision Rights）、信息传导（Information）和激励机制（Motivators）（Neilson et al.，2003）[6]四个基本要素组成。S、D、I、M这四种核苷酸分子的不同组合决定了虚拟物流联盟组织DNA的“双螺旋”结构，由此构成的虚拟物流联盟组织DNA基本结构如图6－8所示。

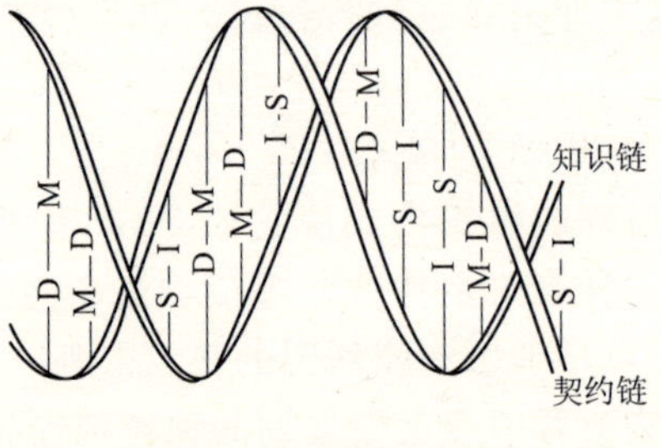

图6－8　虚拟物流联盟组织DNA基本结构

3. 虚拟物流联盟基因组要素识别

我们知道，企业DNA是许多能力要素的组合（Aurik et al.，2003）[4]，而组织基因是具有遗传信息的DNA片段。基因组要素识别就是要将DNA中的那些能力要素独立出来。信息技术的广泛运用为“基因”能力要素的独立提供了可能，甚至成为这一能力要素独立出来的驱动因素（徐宏玲等，2005）[5]。

Aurik等（2003）提到“基因”能力要素是最基本的可以识别的增值要素[4]，但他们并没有就“基因”能力要素的构成情况给出答案。我们认为，只有那些创新性知识管理能力要素，如采购、运输、仓储、装卸搬运、包装、流通加工、配送、物流信息等能力才是虚拟物流联盟中可以识别的增值要素。采购、运输、仓储、装卸搬运、包装、流通加工、配送、物流信息等能力是虚拟物流联盟合作企业的专有知识管理能力，实质上这些专有知识管理能力可以分解为各合作企业所共有的更基本的知识管理能力。

那么，那些更基本的知识管理能力究竟是什么呢？为了得到问题的答案，我们从管理实践中来考查。虚拟物流联盟的项目组织结构特性和中国式企业的本土文化特征客观上要求应该以中国项目管理知识体系（Chinese Project Management Body of Knowledge，C－PMBoK）作为确定这些更基本的知识管理能力要素的基础。C－PMBoK 以生命周期为主线，以模块化的形式来描述项目管理所涉及的主要工作及其知识领域。由于模块结构的特点，使其具有了各种知识组合的可能性，特别适用于虚拟物流联盟这样的知识联盟体的知识体系构架。中国项目管理研究协会将项目管理知识体划分为七个知识领域[7]：S（范围管理）、Q（质量管理）、T（时间管理）、C（成本管理）、H（人力资源管理）、I（信息沟通管理）和P（采购管理），考虑到在虚拟物流联盟中采购管理可以隶属于其他要素，故将其加以剔除，选择S、Q、T、C、H、I六个知识管理能力要素作为虚拟物流联盟的基因组要素，则虚拟物流联盟组织 DNA 就由 S、Q、T、C、H、I 六种基因型有机构成，其具体构成情况如图6－9所示。

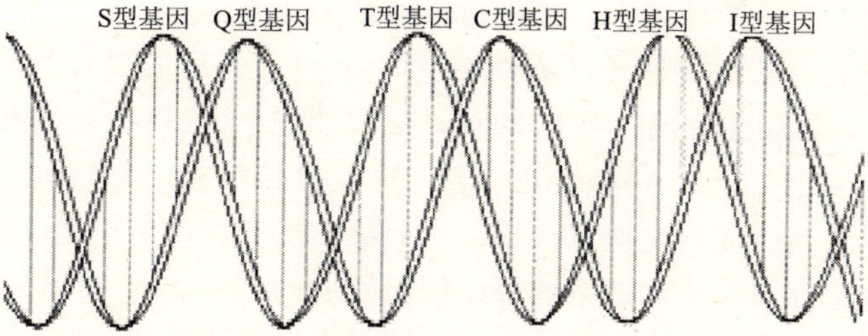

图6－9　虚拟物流联盟组织 DNA 的基因类型

正是S、Q、T、C、H、I这些更基本的知识管理能力决定了虚拟物流联盟合作企业的采购、运输、仓储、装卸搬运、包装、流通加工、配送、物流信息等能力。也正是这些更基本的知识管理能力为不同企业之间基因的重构提供了可能。对不同种类的物流企业来说，这些知识管理能力的组织规则是不同的；而对于同一类的物流企业来说，这些知识管理能力的组织规则是类似的。

6.4.2　基于多种群协同进化策略的基因重组

虚拟物流联盟是一个复杂的生态系统，它包括个体企业层、种群层和有机体层三个层次，这使得虚拟物流联盟与传统物流企业在进化方式上表现出很大的差异性。在虚拟物流联盟中，伙伴企业之间的竞争、合作关系实质上是一种协同进化模式，采购、运输、仓储、装卸搬运、包装、流通加工、配送、物流信息等企业种群的协同进化可以使虚拟物流生态系统更加和谐、稳定。协同进化（Co-evolution）是指一个种群的性状作为对另一个种群性状的反应而进化，而后一个种群的这种性状本身又是对前一种群反应的进化（曹利军，尚利强，2005）[8]。由协同进化的概念，我们可以看出以下内容：

（1）协同进化首先强调的是种群本身的进化（曹利军，尚利强，2005）[8]。构成虚拟物流联盟的采购、运输、仓储、装卸搬运、包装、流通加工、配送、物流信息等种群通过物流企业间的基因重组获得自身的进化。

（2）协同进化是指种群间的相互影响和相互作用关系，即一个种群通过自身的进化来影响其他种群的进化，但同时其他种群的进化又改变着该种群的进化路径（王立志，韩福荣，2003）[9]。构成虚拟物流联盟的采购、运输、仓储、装卸搬运、包装、流通加工、配送、物流信息等物流种群由于受到其他种群的深度影响而发生深层次的基因突变，使得物流种群内部的基因重组具有了突变性质。之所以称为具有突变性质是因为基因突变的深度和广度上都有所加强。基因突变的概率加大，将会使整个种群内发生大面积的突变，而不是物流企业发生的突变；而且基因突变的力度加大，使得遗传信息大量改变。

（3）协同进化最终导致整个系统成为一个相互作用的整体（曹利军，尚利强，2005）[8]。总最优物流企业的迁移在多种群协同进化中起着相当重要的作用。总最优物流企业传递不同种群的“优质”遗传信息，它容易打破接受种群的平衡状态，使其组成情况得以改变，从而触发接受种群的进化。由此可见，多种群协同进化是虚拟物流生态系统得以创新发展的基础。通过协同进化各企业种群相互促进、相互激励、相互影响，从而使得虚拟物流联盟可以长期保持一种稳定、均衡、协调的发展态势。

基于上述分析，我们提出采用具有突变性质的基因重组策略和总最优物流企业迁移策略相结合的多种群协同进化策略。在多种群协同进化策略的指导下，虚拟物流生态系统的不同生态单元的基因重组方式会表现出很大的差异性，故我们对物流企业层、物流种群层和虚拟物流联盟有机体层的基因重组方式及其影响因素分别进行研究，并构建了相应的基因重组模型。

1. 物流企业间基因重组

基因重组（Gene Recombination，GR）是促进物种进化的因素，指两个独立基因组内的遗传基因，通过 DNA 链的断裂和连接而产生 DNA 片段的交换和重新组合，从而形成新的稳定基因组的过程。虚拟物流生态系统中的物流种群是具有相同组织知识的企业共同体。这些属于同一种群的物流企业由于具有同种的基因（等位基因），因而可以进行非等位基因之间的重组。基因重组是整个基因的水平转移，通过产生新的基因型，导致受体获得该基因并表现其性状。

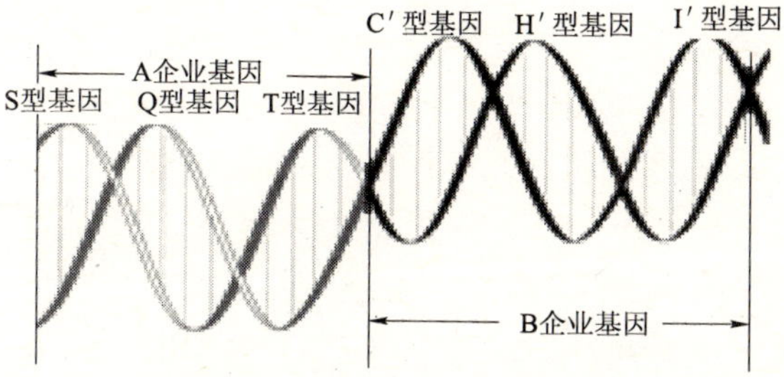

图 6－10　物流企业间基因重组模型

基于上述分析，我们建立的物流企业间基因重组模型如图 6－10 所示。物流企业间的基因重组通过对 S、Q、T、C、H、I 六种基因型的重新组合来提高物流企业的适应度，从而使得虚拟物流联盟在“市场生态”中的知识生态位得以提高。

根据个体企业的适应度选择出优良的基因进行重组，可以保证物流种群的稳定性。这种基因重组方式虽然对种群的进化有一定的推动作用但相对比较微弱，只能引起物流种群缓慢的进化。种群的进化很大程度上取决于基因重组的概率。重组概率小时，可以保留更多的遗传信息，有利于物流种群的稳定；重组概率大时，不同物流企业的组合能力增强，适应度高的物流企业产生的概率增加，物流种群进化速度加快。

2. 物流种群基因突变

虚拟物流生态系统主要包括采购、运输、仓储、装卸搬运、包装、流通加工、配送、物流信息等种群，这些物流种群由于不具有等位基因，彼此间不能直接进行基因重组，但各种群间的联系更密切，受其他种群的深度影响，种群发生基因突变的概率加大。基因突变（Gene Mutation，GM）是物种变异的主要原因，也是物种进化的主要因素，指由于 DNA 碱基对的置换、增添或缺失（即脱氧核苷酸排列顺序的改变）引起的基因结构变化。通过基因结构变化引起的基因突变导致了遗传信息的改变，从而使得企业特性得以改变。

对虚拟物流生态系统中的不同物流种群而言，由于进化的目的不同，基因突变的概率是不同的。基因突变的概率小时可以保留较多的企业文化和特色；基因突变的概率大时可以使企业具有更大的创新性。

基于上述分析，我们建立的物流种群基因突变模型如图 6－11 所示。物流种群基因突变通过对 S、D、I、M 四个要素组合关系的改变来大幅提高种群适应度，从而使得虚拟物流联盟在“市场生态”中的知识地位得以较快提高。

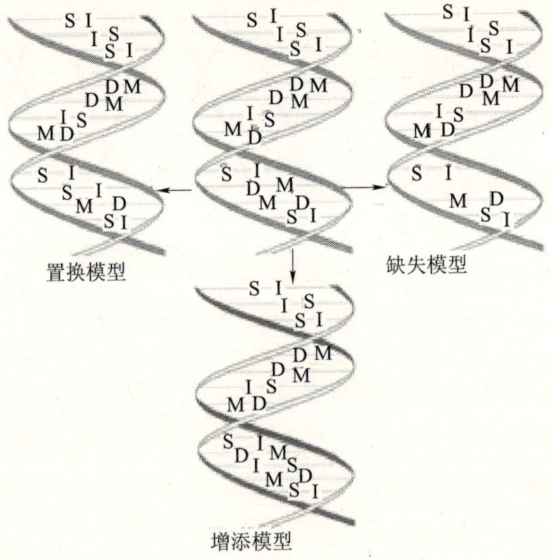

图 6－11　物流种群基因突变模型

在物流种群基因突变的过程中，各种群会更多地表现出彼此的性状，从而保证了物流种群的多样性。这种基因突变方式是一种深层次的基因突变，是对种群整体发生的基因突变，由于可以产生新的基因，对物流种群的进化有重要作用。基因突变是生物进化的主要方式。但并不像在生物界中每个生物个体对基因的影响概率是等同的一样，在虚拟物流联盟中主导基因突变的是充当盟主角色的发起者或者是协调委员会（Alliance Steering Committee，ASC）的成员。

3. 总最优物流企业基因复制

要将基因重组和突变后的企业特性保留下来，还必须进行基因的自我复制。基因复制（Gene Clone，GC）是指通过人工诱导的无性繁殖方式——裂变来繁殖基因完全相同的后代个体。通过基因复制优良个体到下一代，从而实现基因能力的增殖。基因复制体现了优胜劣汰的原则，是促进新生物功能产生的进化推动力，也是产生新基因和引发基因组革新的一种重要机制。在虚拟物流联盟中，基因的复制一方面是根据合作伙伴间的合作协议，通过盟主企业对个体企业的培训来实现，另一方面是通过个体企业主动向先进企业学习来实现。通过基因复制虚拟物流联盟（有机体）的适应度稳步提高。

虚拟物流联盟内的基因复制并不在同一物流种群内进行，而是跨越种群界限，在整个虚拟物流联盟有机体内进行。不同的复制方法对虚拟物流生态系统的进化有不同的影响。例如精英复制法只复制种群中的绝对优良者，种群中的最优基因每次都被选种复制到下一代，从而使得最优基因所携带的冗余信息越来越多，经过几代以后，物流种群的进化速度将明显放缓；轮盘复制法是一种有回放的复制法，每次都在种群中按照某种准则挑选基因进行复制，基因的适应度越高被选种复制到下一代的概率就越高，即使这样仍有可能使一些并不太优良的基因被复制到下一代，使原本优良的基因恶化，从而影响物流种群的进化。以上这两种复制方法都只适用于同一种群企业的基因复制。我们认为虚拟物流联盟（有机体）内的基因复制应该遵循总最优物流企业迁移策略，这样便于不同物流种群间的交流合作和虚拟物流联盟（有机体）的协同进化。基于此，建立的总最优物流企业基因复制模型如图6－12所示。总最优物流企业迁移策略充分体现了优胜劣汰的法则。首先，分别遴选出各物流种群最优企业，并根据适应度值比较各物流种群最优企业从而得到总最优物流企业。如果种群最优企业不等于总最优企业，则用总最优企业代替种群最优企业，并实现总最优企业的复制。其次，在总最优企业复制的同时，及时更替最差企业，运用新加入的企业替换掉各种群的最差企业。

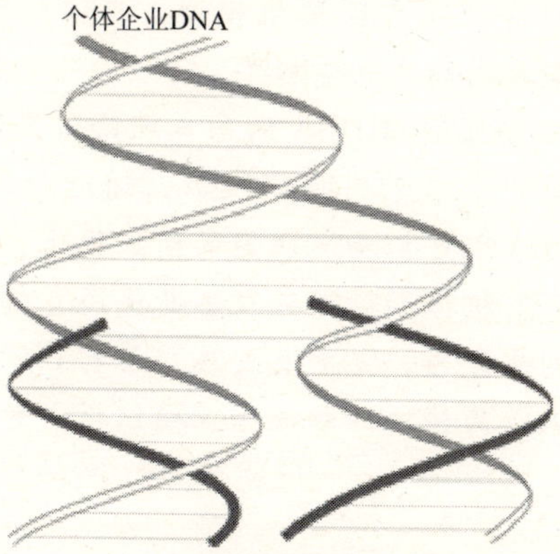

图6－12　总最优物流企业基因复制模型

复制的概率也会直接影响到虚拟物流生态系统的进化。复制概率低时，基因所携带的冗余信息较少，有效遗传操作的数量较大，虚拟物流生态系统能够得到较好的进化；复制概率增加，基因所携带的冗余信息增加，有效遗传操作的数量降低，虚拟物流生态系统进化变得缓慢；随着复制概率继续加大，在优良基因得到有效保护的同时，重组和突变遗传操作将冗余信息转变为有用信息的几率加大，有效基因增加速度加快，进化效果又逐渐明显（卢少华等，2003）[10]。

本 章 小 节

基因组方法为虚拟物流联盟的组织优化研究提供了新的方法支持，将基因组方法创造性运用到虚拟物流联盟的组织优化中，可以增强虚拟物流联盟的适应性和创新性。本章在将基因组方法应用于解决虚拟物流联盟组织优化问题的过程中，提出了通过基因重组技术，包括基因选择、检测和重组来实现虚拟物流联盟组织优化的研究思路，给出了基于基因组方法的虚拟物流联盟组织优化的实现方法和研究框架，并重点对多种群协同进化策略指导下的基因重组问题进行了探讨。具体而言，在以下方面做了一些创新：

（1）初步形成了基于基因组方法的虚拟物流联盟组织优化的理论。

（2）建立了基于初始基因组的虚拟物流联盟组织基因遗传的抽象模型、基于扩展基因组的虚拟物流联盟组织基因遗传的抽象模型和物流企业组织基因遗传的抽象模型。

（3）建立了包括物流企业间基因重组模型、物流种群基因突变模型和总最优物流企业基因复制模型在内的生物学模型。

（4）构建了虚拟物流联盟组织 DNA 的基本理论研究体系。

由于可以借助于生物学中的基因重组技术，通过持续地提高“基因”能力要素的竞争能力来实时地实现虚拟物流联盟的组织优化，使得虚拟物流生态系统的个体企业层、种群层和有机体层的适应度不断提高，因而虚拟物流联盟比物流企业形式表现出了更强的生命力，是更具发展前景的组织形式。它的出现顺应了快速变化市场环境的需求，为传统的物流企业组织模式的变革提供了新的思维。

参考文献

[1] Moore D. Project Management: Designing Effective Organizational Structures [M]. London: BlackWell Publishing Limited, 2002: 164 – 192.

[2] Daft R L. Organization Theory and Design [M]. 7th edition. Cincinnati: South – Western College Publishing, 2001: 9 – 35.

[3] 熊斌，钱碧波，谭建荣．敏捷制造企业的生命系统理论研究 [J]．系统工程理论与实践，2002 (5)：12 – 18.

[4] Aurik J C, Jonk G J, Willen R E. Rebuilding the Corporate Genome: Unlocking the Real Value of Your Business [M]. New York: John Wiley & Sons, 2003.

[5] 徐宏玲，颜安，潘旭明，等．模块化组织与大型企业基因重组 [J]．中国工业经济，2005 (6)：52 – 59.

[6] Neilson G, Pasternack B, Mendes D. The Four Bases of Organizational DNA [J]. Washington: Booz Allen Hanilton's Strategy Business magazine, winter issue, 2003 (3): 56 – 71.

[7] 中国项目管理研究会．中国项目管理知识体系与国际项目管理专业资质认证标准 [M]．北京：机械工业出版社，2001.

[8] 曹利军，尚利强．产业集群可持续发展的生态学分析与生态化管理 [J]．生产力研究，2005 (11)：195 – 199.

[9] 王立志，韩福荣．企业间的协同进化分析 [J]．科技管理研究，2003 (2)：19 – 21.

[10] 卢少华，云庆夏，夏安邦．影响遗传规划基因内区的因素分析 [J]．系统工程理论与实践，2003 (2)：101 – 105.

第7章

虚拟物流联盟创新能力的演化机制研究

虚拟物流联盟的能力演化是根据市场环境的变化不断调整其知识结构，并进行知识遗传，实现知识创新的过程。本章将在对虚拟物流联盟的类生物演化机制和知识创新机制的研究过程中，深刻揭示虚拟物流生态系统的遗传操作机制和虚拟物流联盟的知识创新机制之间的内在联系。虚拟物流联盟能力演化的最终结果体现在知识生态位的提升上。因此，在本章的最后，我们将对虚拟物流联盟的知识生态位及其评价指标体系进行研究。

7.1 虚拟物流联盟的类生物演化机制

企业演化是指企业在适应环境的变化中为谋求生存和发展所发生的一系列变化过程和获得的相对稳定的结果（李朝霞，2001）[1]。下面我们将基于企业进化理论，提出虚拟物流生态系统的概念，并在对虚拟物流生态系统的形成和构成等基本理论问题分析的基础上，通过对虚拟物流生态系统遗传操作机制的研究揭示虚拟物流联盟的类生物演化机制。

7.1.1 虚拟物流生态系统

企业进化理论是在生物进化论、组织生态学和演化经济学等理论的基础上逐渐发展起来的一种新型企业理论。将企业进化理论应用于虚拟物流联盟，旨在通过对虚拟物流生态系统的生存、发展和衰亡过程的研究，发现虚拟物流联盟的类生物演化机理。虚拟物流联盟作为一种特殊类型的物流企业，企业进化理论在其能力演化过程中具有普遍适用性，同时它的能力演化过程又具有其特殊性。为此，我们首先需要了解虚拟物流生态系统形成的必然性以及虚拟物流生态系统的构成情况。

1. 虚拟物流生态系统的形成

虚拟物流生态系统的形成是虚拟物流联盟能力得以演化的前提条件。外界环境的快速变化，使物流企业之间的竞争越来越激烈，企业之间的竞争已经从业务的竞争转向了核心竞争力的竞争。企业核心竞争力的培育，使得市场中的物流企业逐渐按照物流功能要素形成了采购、运输、仓储、装卸搬运、包装、流通加工、配送、物流信息等多种物流种群。而信息技术的快速发展，使得这些分散在不同区域的具有不同物流功能要素的种群，在某些特定的市场机遇下，能够利用信息网络自发地组成一个个的虚拟物流生态系统。虚拟物流生态系统的出现符合了适者生存的自然法则，是市场环境发展的必然产物。

2. 虚拟物流生态系统的构成

虚拟物流生态系统的构成情况如图 7－1 所示。由图 7－1 可见，虚拟物流生态系统包括虚拟物流联盟有机体、外部市场环境以及虚拟物流联盟有机体与外部市场环境之间的联系三个部分。其中，虚拟物流联盟有机体又包括物流联盟和虚拟物流企业两个层次。

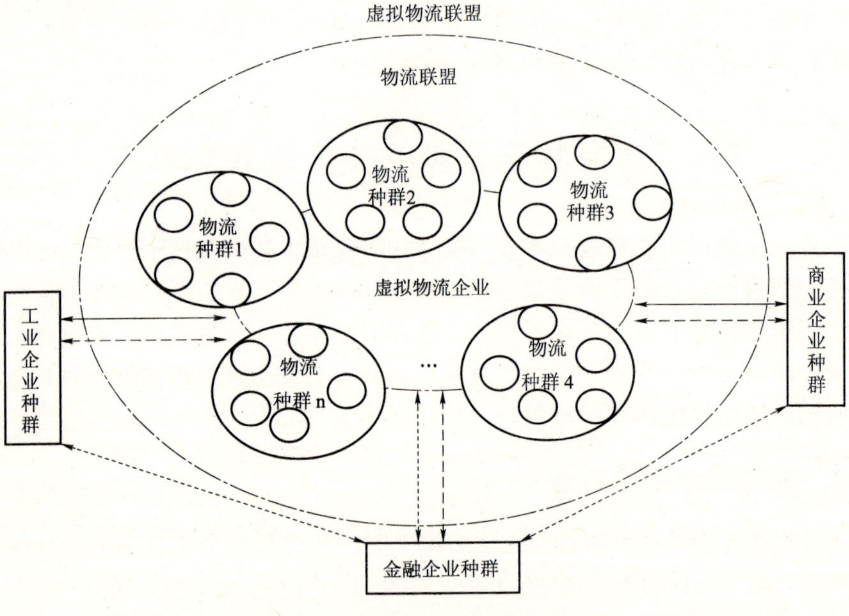

图 7－1　虚拟物流生态系统的构成

注：图中小圆圈表示物流企业

实线双箭头表示物流；划线虚线双箭头表示信息流；虚线点双箭头表示资金流

处于虚拟物流联盟有机体外围的物流联盟由一些具有相同核心能力的物流企业组成的多个物流种群构成。企业种群是指具有相似或相同的关键产品/服务、组织知识和技巧的相互作用的个体企业的集合（张铁男等，2006）[2]。在虚拟物流生态系统中可以按照物流功能要素对组成物流联盟的合作伙伴进行种群划分。这些种群既相互依存，依靠信息网络共同构成了一个和谐的虚拟物流生态系统，又可以直接对市场做出反应。

处于虚拟联盟有机体内部的是虚拟物流企业，它由来自不同种群的一组具有核心能力的合作型“节点企业”组成，这些节点企业为了响应某个特定的物流市场机遇形成了物流供应链。

在虚拟物流生态系统中，信息的交换存在于物流企业之间（本图中省略，可见图4－6）、物流种群之间（本图中省略，可见图4－6）以及虚拟物流企业与市场环境之间（图中划线虚线双箭头所示）。另外，虚拟物流企业既可以通过市场环境中的金融种群与工业企业种群以及商业企业种群实现彼此间的货币交换（图中虚线点双箭头所示），也可以通过市场环境中的工业企业种群和商业企业种群实现彼此的物资交换（图中实线双箭头所示）。

7.1.2 虚拟物流生态系统的遗传操作机制

虚拟物流生态系统的遗传操作机制是虚拟物流生态系统得以演化的内在动力机制。

1. 遗传操作简介

遗传操作是对生物演化过程的遗传机制及基因复制、重组和突变技术的模拟，它包括选择（Selection）、交叉（Crossover）和变异（Mutation）三种操作（雷英杰等，2006）[3]。

（1）选择，又称复制（Reproduction），是按照一定的方法从种群中选择生命力强的个体产生新的种群的过程。选择的依据是个体的适应性，适应性强的个体被选中遗传到下一代种群中的概率较大。选择体现了适者生存的原则。

（2）交叉，又称重组（Recombination），是指对两个相互配对个体的染色体按某种方式相互交换其部分基因，从而形成两个新个体的过程。交叉操作是产生新个体的主要方法，保证了种群的稳定性。交叉体现了信息交换的思想。

（3）变异，是以很小的概率，随机改变个体染色体某些基因座上的基因值，从而形成一个新个体的过程。变异操作为新个体的产生提供了机会，保证了种群的多样性。

2. 虚拟物流生态系统的三层次遗传操作机制

单一项目型虚拟企业合作伙伴之间是一次性的合作，故只能在合作前进行最优组合；而虚拟物流联盟中的合作伙伴是从物流联盟中选择的，在多个项目的长期合作过程中，各合作伙伴可以通过遗传操作进行相互的学习，来实现知识的创新和核心竞争力的提升。虚拟物流生态系统的遗传操作机制如图 7－2 所示。

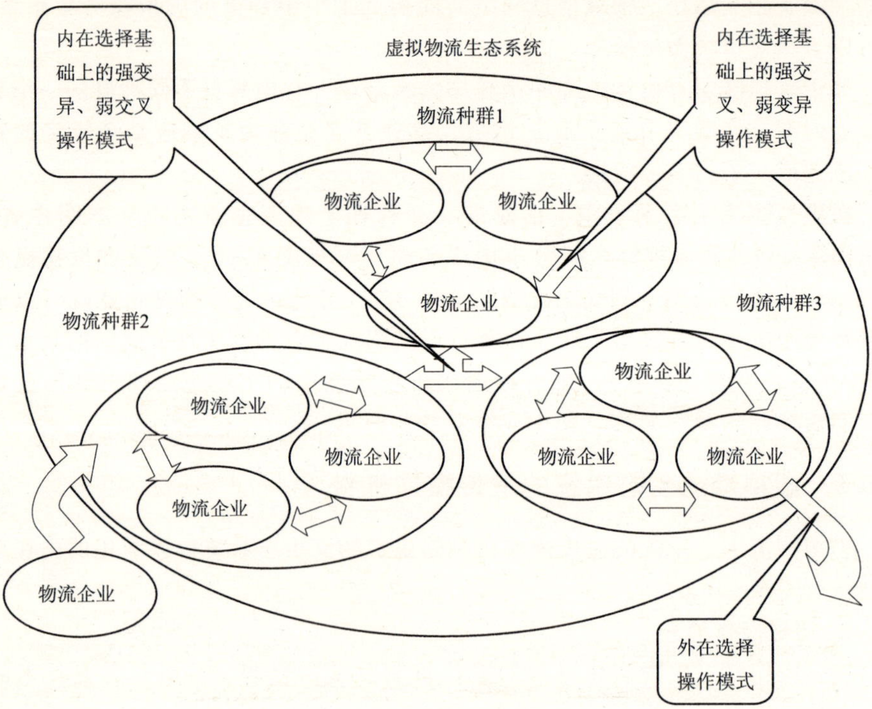

图 7－2　虚拟物流生态系统的遗传操作机制

注：内在选择和外在选择是相对虚拟物流联盟有机体而言

由图 7－2 可见，虚拟物流生态系统的遗传操作机制在虚拟物流联盟有机体与外部市场环境间、同一物流种群内部和不同物流种群间三个层次上分别采用三种不同的模式。

（1）虚拟物流联盟有机体与外部市场环境间的遗传操作模式

虚拟物流联盟有机体与外部市场环境间的遗传操作是一种外在选择模式。与单一项目型虚拟企业合作伙伴的静态选择不同，虚拟物流联盟合作伙伴的选择是一个动态的选择过程，它发生在虚拟物流联盟创建之初及经营过程的各个环节。在创建之初选择的合作伙伴，随着企业的演化，相互之间的基因逐渐趋于雷同，为了避免近亲繁殖使虚拟物流生态系统的演化能力受到限制，在经营过程中要经常淘汰一些适应性差的合作企业。在虚拟物流联盟的整个生命周期中不断有新的合作伙伴加入和适应性强的合作伙伴被保留而适应性差的合作伙伴被淘汰。通过优胜劣汰的外在选择，为虚拟物流生态系统平均适应度的提高提供了可能。

（2）同一物流种群内部的遗传操作模式

在虚拟物流生态系统中，存在着采购、运输、仓储、装卸搬运、包装、流通加工、配送、物流信息等不同的物流种群。同一物流种群由于具有同种基因，可以进行直接的遗传。选择是进行交叉和变异的前提。交叉是遗传的主要方式，能够保证物流种群的稳定性；而变异是辅助形式，它能够保证物流种群的多样性。因此，在虚拟物流生态系统中，同一物流种群内部的演化是在内在选择模式的基础上执行强交叉、弱变异的遗传操作模式。在同一种群内部选择适应性强的个体参与交叉和变异。通过广泛的交叉操作，种群的平均适应度将得到逐步提高。

（3）不同物流种群间的遗传操作模式

在虚拟物流生态系统中，采购、运输、仓储、装卸搬运、包装、流通加工、配送、物流信息等物流种群具有的基因大部分都不相同，多数情况它们之间不可能进行直接的遗传，而只能进行转基因合成。但在星型结构和联邦结构的虚拟企业中存在着承担协调者角色的个体，他们能够和其他种群间进行直接的遗传。因此，在虚拟物流生态系中，不同物流种群间的演化是在内在选择模式的基础上执行强变异、弱交叉的遗传操作模式。不同种群间的强变异操作，是一种深层次的，种群整体发生的变异；而同一种群内部的弱变异操作，仅是种群个体的变异。通过深度的变异操作，物流种群的平均适应度将得到大幅度提高。

由此可见，虚拟物流生态系统的选择、交叉和变异的遗传操作过程就是虚拟物流联盟的组织基因复制、重组和突变的过程。通过选择和交叉、变异的方式，虚拟物流联盟有机体内物流企业的适应度得到了提高。要将适应度提高后的物流企业的特性保留下来，还必须在内在选择的基础上进行基因复制。内在选择基础上的基因复制是虚拟物流联盟有机体适应度提高的实现过程。内在选择与外在选择的区别在于：外在选择是新个体的引入过程，而内在选择是新个体的产生过程；外在选择是一种适应性选择，而内在选择是一种创新性选择。

7.2 虚拟物流联盟的知识创新机制

知识创新能力是虚拟物流联盟的核心竞争力。虚拟物流联盟是以知识为纽带组织起来的联盟，虚拟物流联盟的运营过程紧紧围绕知识创新展开。知识创新的过程是一个不断自我更新的动态循环过程，每次循环都会使得虚拟物流联盟的知识地位得到升级。

7.2.1 虚拟物流联盟的核心竞争力分析

核心能力理论认为核心能力是企业竞争优势的源泉，正是其核心能力决定了企业的经营规模和范围。在 Prahalad 和 Hame（1990）看来，核心能力是组织中的积累性学识，它来自于企业的组织学习，经验规范和价值观的传递。只有通过对内部独特资源、知识和技术的一系列有效积累与整合，企业才能具备难以模仿的、持久的竞争力[4]。

一般来说，企业的核心能力具有稀缺性、可延展性、价值性和难以模仿性四个特征（Prahalad & Hame，1990）[4]。但对于什么是核心能力，学术界存在着很大的分歧，也因此形成了几大流派：基于资源的能力观、基于知识/技能的能力观、基于活动/过程的能力观和基于组织/系统的能力观（冯蔚东，陈剑，2002）[5]。虽然企业核心能力具有丰富的内涵，但它的本质和核心是“知识和技能”（冯蔚东，陈剑，2002）[5]。

尽管所有的组织都储存知识，但虚拟物流联盟比传统的物流企业更具知识密集性，更依赖知识（王愚，达庆利，2002）[6]。虚拟物流联盟通过信息共享实现跨职能管理。作为一种知识密集型企业，知识是虚拟物流联盟的核心要素。虚拟物流联盟存在和发展的基础是信息的生产和共享，其核心活动是系统性的知识处理。虚拟物流联盟通过知识的获取、共享和集成来实现物流服务创新，以求得在物流市场竞争中的地位。

因此，知识创新对虚拟物流联盟来说是至关重要的。作为虚拟物流联盟核心竞争力的知识创新能力，包括技术创新、组织创新、管理创新、制度创新和服务创新等内容，它是虚拟物流生态系统遗传操作的结果。通过虚拟物流联盟合作伙伴间的遗传操作，虚拟物流联盟的知识得到了创新，核心竞争力得到了提升。

7.2.2 虚拟物流联盟知识创新的动态过程

虚拟物流联盟与传统物流企业最大的区别是它组织的临时性。而与虚拟物流企业相比，其最大的差别在于项目的周期性特征。对于单一项目型虚拟物流企业而言，一个创新周期结束，虚拟物流企业解体；而对于虚拟物流联盟而言，它的创新过程由很多个创新周期组成。每一个项目结束，每一次合作伙伴的筛选或者淘汰都意味着一个创新周期的结束和另一个创新周期的开始。

虚拟物流联盟作为一种学习型组织，与传统按照采购、运输、仓储、装卸搬运、包装、流通加工、配送、物流信息等物流要素组织起来的企业不同，知识是其核心要素，知识结构决定了虚拟物流联盟的生存状态。也就是说，虚拟物流联盟是一个知识集合体，知识创新能力是其核心竞争力。虚拟物流联盟的整个生命周期都与知识创新密切相关。表现在组织行为上就是它的敏捷性。从组织行为来看，敏捷性是虚拟物流联盟最本质的特征。敏捷性，从内涵上来理解，是有效地管理和运用知识的能力（Dove，1999）[7]；从外延上来理解，是对不可预见变化的适应能力和创新能力（叶丹等，1998）[8]，对环境的适应和对知识的创新共同构成了敏捷性概念的完整内容。

因此，虚拟物流联盟的知识创新周期包括环境适应性、知识创新的量变和知识创新的质变三个阶段。对环境的适应性是知识创新的前提和基础，也是知识创新的初级阶段；而知识创新是对环境适应性发展的必然结果，也是其高级阶段。同时，从量变到质量是知识创新的必由之路。这三个阶段既相互继承又同时存在，使得虚拟物流联盟知识创新过程呈现出波段式递阶上升的特点。通过环境适应性、创新的量变和创新的质变三个阶段，虚拟物流联盟的知识创新能力得到了提升，并且这种提升后的知识创新能力可以通过知识遗传的方式不断传承下去。

7.2.3 虚拟物流联盟知识创新机制的三梯度模型

虚拟物流联盟的知识创新过程是一个不断自我更新的动态循环过程，每次循环都会使得虚拟物流生态系统的知识层次得到升级（肖曙光，周勃，2007）[9]。虚拟物流联盟的知识创新过程由很多个知识创新周期组成，是波段式的递阶上升过程。虚拟物流联盟知识创新机制的梯度模型如图 7－3 所示。

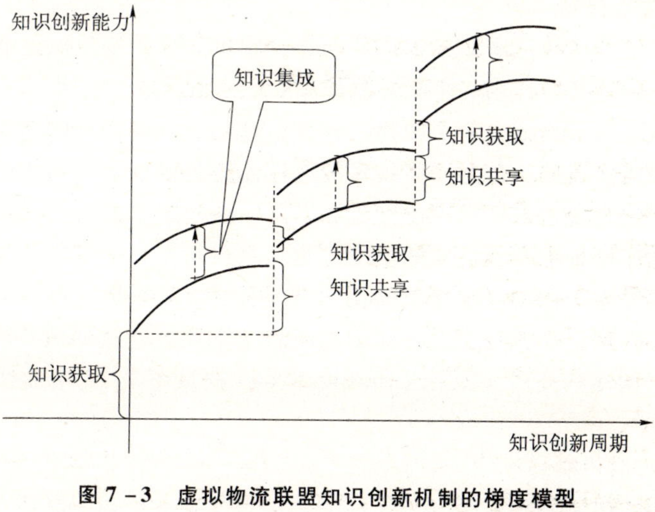

图 7－3　虚拟物流联盟知识创新机制的梯度模型

由图 7－3 可见，在每个知识创新周期中，包括知识获取、知识共享和知识集成三个梯度。虚拟物流联盟的知识创新是在知识获取机制、知识共享机制和知识集成机制的共同作用下，根据市场环境的变化不断调整其知识结构，并进行知识遗传的过程。知识的获取、共享和集成是虚拟物流联盟知识创新机制的三个有机组成部分，三者互相联系、互相影响，密不可分，共同构成了虚拟企业知识创新机制的完整内容。

1. 知识获取机制

知识获取是虚拟物流联盟知识创新的第一梯度，虚拟物流联盟通过知识获取机制实现对环境的适应性。在虚拟物流联盟对外获取知识的过程中，市场环境的竞争使得一些新的、能够增强虚拟物流联盟核心竞争力的知识被引入或者被保留，而一些落后的、不适应环境需要的知识被剔除。虚拟物流联盟的知识获取伴随着合作伙伴的更替过程。每一个合作伙伴都是知识的携带者，新合作伙伴的加入会形成新的知识，改变虚拟物流联盟的知识结构，从而为知识的创新提供了可能。但并不是所有新合作伙伴的一开始加入都会增强知识的创新能力，有些新合作伙伴的加入会暂时性地降低知识创新的能力。即便如此，新合作伙伴的引入和旧合作伙伴的淘汰依然是必要的。其主要原因在于随着时间的推移，各合作伙伴之间的知识逐渐趋于雷同，企业之间的多样性程度降低，虚拟物流联盟知识创新的能力也就逐渐受到了限制，这时就必须通过合作伙伴的更替来打破知识创新的瓶颈。只有新知识的引入，才能推动虚拟物流联盟进行持续创新。

2. 知识共享机制

知识共享是虚拟物流联盟知识创新的第二梯度，虚拟物流联盟通过知识共享机制实现创新的量变。作为一个学习型组织，具有相同组织知识的合作伙伴企业在虚拟物流联盟内部组成一个个的物流种群，在物流种群内部的知识共享是通过对知识的学习来实现的。信息网络技术的应用使得分散在不同地域的种群个体可以在同一平台上自由地进行知识的交流和学习。通过知识的学习实现知识共享的过程是一个循序渐进的知识创新的量变过程。在进行知识共享的初期，知识创新的能力提高得很快，体现在梯度模型上，就是图 7－3 中曲线的斜率较大。但随着时间的推移，种群个体所拥有的知识逐渐趋于雷同，通过知识共享实现的知识创新能力就开始逐渐减弱，体现在梯度模型上，就是图 7－3 中曲线的斜率逐渐趋于平缓。

3. 知识集成机制

知识集成是虚拟物流联盟知识创新的第三梯度，虚拟物流联盟通过知识集成机制实现创新的质变。虚拟物流联盟是具有不同物流功能的企业种群的集合体，不同物流种群所拥有的组织知识具有很大的差异性，由于知识的难以模仿性，相互之间的知识并不能被直接借鉴，必须通过知识的集成才能实现。在知识集成的过程中产生了协同效应，导致了知识创新过程的质变，体现在梯度模型上，就是图 7－3 中的曲线整体向上移动。

在知识获取、知识共享和知识集成三种知识创新机制的协同作用下所实现的知识创新最终体现在虚拟物流联盟知识地位的提升上。

7.3 虚拟物流联盟知识生态位

生态位理论是用于研究生物之间竞争性、生物对环境的适应性、生态系统的多样性和稳定性等问题的理论（Hamel，1991）[10]。近年来已有学者将其运用于虚拟企业领域来探索虚拟企业的类生物运作机制和生态位（万伦来，达庆利，2003）[11]。但对于虚拟企业的知识生态位问题还很少有文献涉及，对于虚拟物流联盟的研究更是鲜见。

7.3.1 虚拟物流联盟知识生态位的内涵

虚拟物流联盟作为一种由人构成的有机生命体，与其他生物单元一样，能够与外界环境进行物质、能量和信息的交换，并有一个产生、发展和衰亡的过程，因而具有生态位的特征（闫安，达庆利，2005）[12]。生态位是描述生物单元在特定生态系统和环境相互作用过程中所形成的相对地位与作用（万伦来，达庆利，2003）[11]。

虚拟物流联盟具有类生物特性，但与其他生物单元又有本质的不同。自然界中生物体的生态位取决于生物体自身生理状态及同环境之间的关系（万伦来，2004）[13]。而虚拟物流联盟的生态位是市场竞争的结果，取决于作为虚拟物流联盟核心能力的知识创新能力。在诸多影响虚拟物流联盟生态位的环境要素中，知识被很多知名学者认为是最为关键的要素（Hannan & Carroll，1992[14]；Tushman & Smith，2002[15]）。知识环境是虚拟物流联盟生态位的主要影响因素。因而，我们从虚拟物流联盟的本质特征出发，提出了虚拟物流联盟知识生态位的概念。我们将虚拟物流联盟知识生态位界定为“在网络信息技术的支撑下，以知识创新为核心能力而形成的网络组织，通过范围管理、质量管理、时间管理、成本管理、人力资源管理和信息沟通管理知识的获取，在采购、运输、仓储、装卸搬运、包装、流通加工、配送、物流信息等知识共享的过程中实现相互之间知识的集成，从而使得企业、种群和生态系统分别在各自所赖以生存、发展、合作和竞争的环境中所获得的功能地位”。

其中企业生态位、种群生态位和生态系统生态位是虚拟物流联盟知识生态位的三个层面。企业生态位描述的是物流企业通过知识获取机制所获得的自身生存能力使其在物流种群中所表现出来的发展能力；种群生态位描述的是物流种群通过知识共享机制所获得的整体发展能力使其在虚拟物流生态系统中所表现出来的合作能力；生态系统生态位描述的是虚拟物流生态系统通过知识集成机制所获得的物流种群间合作能力使其在市场环境中所表现出来的竞争能力。虚拟物流联盟知识生态位的三个层面是一个有机联系的整体。与传统的物流企业之间竞争关系不同，虚拟物流联盟内部的企业之间是一种合作关系，合作的目的是为了增强虚拟物流联盟的竞争能力，也是为了物流企业本身的生存和发展。物流企业的生存和发展能力决定了物流种群的合作能力，进而影响到虚拟物流联盟的竞争能力；而物流种群间的合作和虚拟物流联盟在市场环境中的竞争都是为了物流企业更好地生存和发展。总之，知识生态位是虚拟物流联盟在其知识环境中所获得的生存、发展、合作和竞争能力。

如图 7－4 所示，知识生态位是虚拟物流联盟在市场生态环境中的表现，是知识创新机制驱动的结果。虚拟物流联盟通过知识创新优化其知识结构，进而提升其知识地位。虚拟物流联盟的知识获取、知识共享和知识集成三种知识创新机

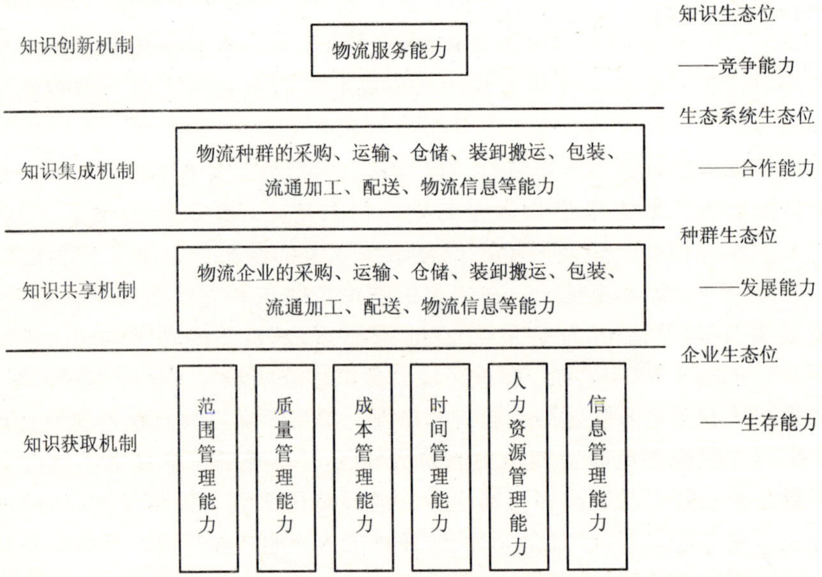

图 7－4　虚拟物流联盟知识生态位的层次结构示意图

制分别决定了虚拟企业知识生态位的三个层次——企业生态位、种群生态位和生态系统生态位。

7.3.2 虚拟物流联盟知识生态位评价体系

对于虚拟物流联盟知识生态位评价体系的研究不仅要建立在对虚拟物流联盟评价体系研究的基础上，而且要遵从虚拟企业知识生态位评价指标体系建立的指导原则。

1. 虚拟企业的评价

综观现有研究文献，关于虚拟企业评价的研究主要集中在对虚拟企业敏捷性的评价（叶丹等，1998）[8]、对虚拟企业核心能力的评价（冯蔚东，陈剑，2002）[5]、基于项目管理对虚拟企业性能的评价（郭秀清，严隽薇，2004）[16]和对虚拟企业生态位的评价（万伦来，达庆利，2003[11]；夏维力等，2007[17]）四个方面。早期的研究主要侧重于对虚拟企业敏捷性的评价，这种以行为指标为主的性能评价，是从虚拟企业的生存和发展能力来评价，弥补了传统以成本和效益为评价目标方法的不足。提出的各种敏捷性评价指标基本上都是以 Dove (1999)[7]从市场变化的角度提出的 CTRS 指标体系、Amos 和 Gibson（1995）[18]等从企业的组织管理角度提出的 CIPME 指标体系、Yusuf 等（1999）[19]提出的评价企业敏捷性的 32 个属性和美国国家宇航敏捷制造中心与 Sirius Beta 公司的研究人员（Yang & Li，2002）[20]从过程角度提出的一种面向敏捷虚拟企业的敏捷性度量模型为基础的。近期的研究主要侧重于对虚拟企业核心能力的评价，关于虚拟企业核心能力的评价是从组织战略的角度来评价虚拟企业。提出的各种核心能力评价指标大致可以分为基于知识和技能的核心能力（Meyer & Utterback，1993）[21]、基于运行和制度的核心能力（福克纳，鲍曼，1997）[22]、基于资源的核心能力（Christine，1997）[23]和基于组织和系统观的核心能力（魏江，1999）[24]等方面。另外，还有一些研究者注意到了虚拟企业的项目组织特性，从项目管理的角度对虚拟企业性能进行了评价。这种以虚拟企业的项目组织特性为出发点的评价体系，以项目管理要素为基础，注重虚拟企业的生命周期特性，是融事前决策评价、事中质量控制评价和事后绩效评价为一体的全过程评价体系（郭秀清，严隽薇，2004）[16]。而最近的研究则主要侧重于对虚拟企业生态位的评价，这种从组织环境角度对虚拟企业系统整体的评价运用了系统的、有机联系的观点，从虚拟企业生存、发展和竞争的三维空间角度，建立了基于“态”、“势”和“位”的虚拟企业生态位评价体系（夏维力等，2007）[17]。虚拟企业评价问题的研究者们研究视角的转化，从虚拟企业的外在表象，到内在实质，再到整个系统的研究，反映了人类认识事物的客观规律。

2. 虚拟企业知识生态位评价体系建立的指导原则

基于敏捷性、项目管理、核心能力、生态位评价体系间逻辑关系的分析（如图 7－5 所示）可知，从组织管理学的角度来看，敏捷性、项目管理、核心能力、生态位这四个方面存在内在的一致性：决定组织行为的组织结构必须与组织战略相适应，并根据组织战略的制定来设计。而组织战略的制定需要以组织环境为依据，为了适应不断变化的组织环境，组织战略、组织结构都要适时地进行调整，以影响组织行为的改变；且对于生态位的评价是其他评价体系的基础，是评价虚拟企业的根本出发点和落脚点，而知识环境是影响虚拟企业生态位的主要因素。囿于此，薛晓芳和覃正（2008）认为以知识生态位为评价对象的虚拟企业知识生态位评价体系的建立应该综合考虑虚拟企业的敏捷性、项目管理、核心能力、生态位这四个方面的因素。它的建立应该遵循以下的指导原则：以知识创新能力为评价核心，以项目知识管理体系为评价基础，以生物单元知识创新能力和生物单元间关系为评价内容，涵盖企业层、种群层和生态系统层三个评价

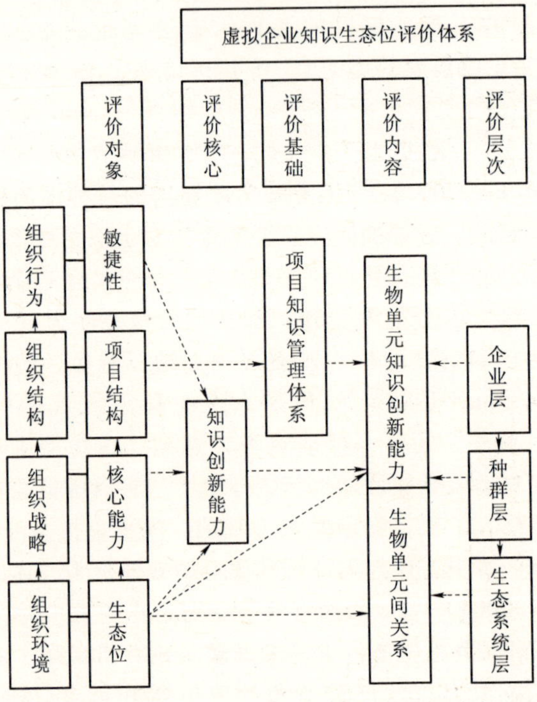

图 7－5　虚拟企业知识生态位评价体系建立的指导原则的逻辑推理图

资料来源：薛晓芳和覃正（2008）[25]

层次[25]。

（1）以知识创新能力为评价核心

从表面来看，敏捷性、核心能力和生态位是三个不同的概念体系。实质上，彼此间却存在非常密切的联系，具有内在的一致性。对虚拟企业敏捷性、核心能力和生态位三个方面的评价都将研究的焦点集中在了虚拟企业在对环境适应性基础上的知识创新能力的评价上。适应性是创新性的前期阶段，具有知识创新能力的虚拟企业必然对环境具有很强的适应性。因此，将虚拟企业的核心竞争力——知识创新能力作为评价虚拟企业知识生态位的核心。

（2）以项目知识管理体系为评价基础

虚拟企业是具有不同核心竞争力的企业共同合作，为完成某一产品或服务而组成的一种新的组织形式，它以分布、协调的方式实现项目任务（郭秀清，严隽薇，2004）[16]。作为一种具有项目组织结构的知识型企业，虚拟企业是一个项目知识的有机集合体。虚拟企业的项目组织结构特性决定了应该以项目知识管理体系作为评价虚拟企业的基础。虚拟企业是一种动态的企业组织形式，它的全生命周期包括创建、运行、维护和解体四个阶段（Camarinha-Matos & Afsarmanesh，1999）[26]。虚拟企业的动态特性使它具有了项目组织的特征，每一个项目组织都是项目知识的共同体。

（3）以生物单元知识创新能力和生物单元间关系为评价内容

根据我国学者刘建国和马世骏提出的扩展的生态位理论将生态位概念的内涵加以扩展，得到扩展的生态位概念：生态位的内涵包括生物单元对生境条件的自身改造能力及生物单元间关系两个方面的内容。对于虚拟企业来说，生物单元对生境条件的自身改造能力就是作为虚拟企业核心竞争力的知识创新能力。因此以生物单元知识创新能力和生物单元间关系作为评价虚拟企业的内容。

（4）涵盖企业层、种群层和生态系统层三个评价层次

刘建国和马世骏（1990）[27]认为所有的生物组织层次均可称作生态元（Ecological Unit）。生态元包括细胞、组织、个体、种群、群落、生态系统及生物圈等，这些生态元均有相应的生态位。因此，根据虚拟企业的特点，选择了企业、种群和生态系统三个层次建立知识生态位评价体系。

3. 虚拟物流联盟知识生态位评价指标体系

根据虚拟企业知识生态位评价指标体系建立的指导原则，结合虚拟物流联盟的组织特征，我们构建的虚拟物流联盟知识生态位评价指标体系如图7-6所示。

虚拟物流联盟知识生态位包括物流企业生态位、物流种群生态位和虚拟物流生态系统生态位三个层次。

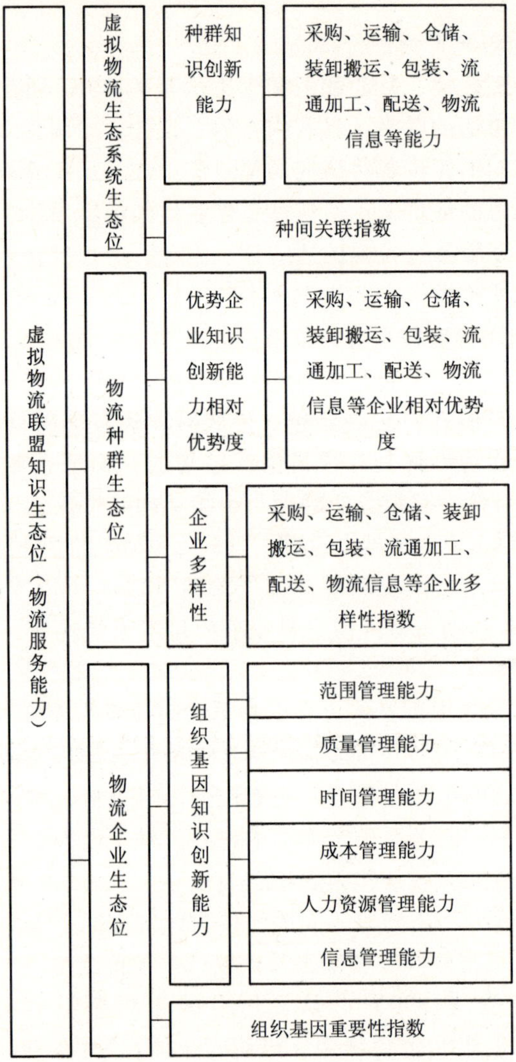

图 7－6　虚拟物流联盟知识生态位评价指标体系

（1）物流企业生态位

物流企业生态位描述的是物流企业通过知识获取机制所获得的自身生存能力使其在物流种群中所表现出来的发展能力，它反映了物流企业在采购、运输、仓储、装卸搬运、包装、流通加工、配送、物流信息等方面的创新能力。物流企业的采购、运输、仓储、装卸搬运、包装、流通加工、配送、物流信息等能力依赖于构成企业的组织基因。组织基因在范围管理、质量管理、时间管理、成本管理、人力资源管理和信息沟通管理等方面的知识创新能力反映了物流企业内部构成要素的完整性和各要素功能的完好性；组织基因在知识创新过程中的重要性程度反映了物流企业内部构成要素之间的相互协调性。因此，我们用范围管理能力、质量管理能力、时间管理能力、成本管理能力、人力资源管理能力、信息沟通管理能力和组织基因重要性指数来测度物流企业生态位。

（2）物流种群生态位

物流种群生态位描述的是物流种群通过知识共享机制所获得的整体发展能力使其在虚拟物流生态系统中所表现出来的合作能力，它反映了物流种群在采购、运输、仓储、装卸搬运、包装、流通加工、配送、物流信息等方面的创新能力。物流种群的采购、运输、仓储、装卸搬运、包装、流通加工、配送、物流信息等能力依赖于物流种群中的优势企业和企业的多样性。优势企业的优势程度反映了对物流种群演化起决定作用的构成要素的完整性和要素功能的完好性；企业的多样性反映了物流种群内部构成要素之间的相互协调性。因此，我们用采购、运输、仓储、装卸搬运、包装、流通加工、配送、物流信息等优势企业相对优势度及采购、运输、仓储、装卸搬运、包装、流通加工、配送、物流信息等企业多样性指数来测度物流种群生态位。

（3）虚拟物流生态系统生态位

虚拟物流生态系统生态位描述的是虚拟物流生态系统通过知识集成机制所获得的物流种群间合作能力使其在市场环境中所表现出来的竞争能力，它反映了虚拟物流生态系统的物流服务创新能力。虚拟物流生态系统的物流服务创新能力是采购、运输、仓储、装卸搬运、包装、流通加工、配送、物流信息等物流种群共同合作的结果。采购、运输、仓储、装卸搬运、包装、流通加工、配送、物流信息等能力反映了组织对环境的主动适应性；采购、运输、仓储、装卸搬运、包装、流通加工、配送、物流信息等物流种群间的合作关系反映了虚拟物流生态系统内部构成要素之间的相互协调性。因此，我们用采购、运输、仓储、装卸搬运、包装、流通加工、配送、物流信息等能力和种间关联指数来测度虚拟物流生态系统生态位。

本章小节

为了揭示虚拟物流联盟核心竞争力得以提升的内在动力和外在表象之间的本质联系，我们从基因和组织两个层面来探索虚拟物流联盟创新能力演化的现实途径。研究表明虚拟物流生态系统的遗传操作机制与虚拟物流联盟的知识创新机制之间存在一一对应的相关关系。在虚拟物流生态系统中，虚拟物流联盟有机体与外界市场环境间的外在选择模式决定了虚拟物流联盟的知识获取；同一物流种群内部在内在选择模式基础上的强交叉、弱变异模式决定了物流种群内部的知识共享；不同物流种群间在内在选择模式基础上的强变异、弱交叉模式决定了物流种群间的知识集成。

此外，我们从组织生态学视角，对评价虚拟物流联盟的综合性指标——知识生态位进行了研究。我们构建的虚拟物流联盟的知识生态位评价指标体系，在如下方面做了有益的尝试：

（1）虚拟物流联盟知识生态位评价体系打破了传统单一的基于过程评价模式的局限，采用了基于组织的评价模式。由于虚拟物流联盟组织结构本身的复杂性，使得传统基于过程评价模式在虚拟物流联盟评价中，存在着评价指标概念模糊，难以定量化的局限。虚拟物流联盟知识生态位评价体系基于虚拟物流联盟组织结构层次而建立，使得复杂的虚拟物流联盟系统的评价问题变得条理清晰。

（2）虚拟物流联盟知识生态位评价体系基于敏捷性、项目管理、核心能力和生态位评价体系而建立。该评价体系以知识创新能力为评价核心，以项目知识管理体系为评价基础，以生物单元知识创新能力和生物单元间关系为评价内容，对虚拟物流联盟的各个生态元（企业、种群和生态系统）的生态位进行全方位的系统评价，因而是相对比较全面、系统的评价体系。

（3）虚拟物流联盟知识生态位评价体系采用了进化生态学中的定量化指标，解决了评价指标难以量化的问题。与传统的单纯依靠专家打分法获取评价指标的评价体系相比，降低了评价过程中的主观随意性，是一套相对比较科学、客观的评价体系，具有较强的实践性和可操作性。

参考文献

[1] 李朝霞．企业进化机制研究［M］．北京：北京图书馆出版社，2001.

[2] 张铁男，张亚娟，才华．基于遗传算法的企业种群进化能力评价［J］．哈尔滨工业大学学报，2006，38（12）：2155－2161.

[3] 雷英杰，张善文，李继武，等．Matlab 遗传算法工具箱及应用［M］．西安：西安电子科技大学出版社，2006.

[4] Prahalad C K, Hamel G. The Core Competence of the Corporation [J]. Harvard Business Review, 1990, 68 (3): 79－92.

[5] 冯蔚东，陈剑．虚拟企业中核心能力的定性与定量识别［J］．系统工程理论与实践，2002（5）：48－54.

[6] 王愚，达庆利．一种类生物的企业系统模型［J］．管理工程学报，2002（1）：34－38.

[7] Dove R. Agility = knowledge management + response ability [J]. Automotive Manufacturing & Production, 1999, 111 (3): 16－17.

[8] 叶丹，战德臣，徐晓飞．企业的敏捷性及其度量体系［J］．中国机械工程，1998，9（4）：21－23.

[9] 肖曙光，周勃．基于进化生物学启示的企业知识创新探究［J］．软科学，2007，21（1）：113－121.

[10] Hamel G. Competition for Competence and Inter-Partner Learning within International Strategic Alliances [J]. Strategic Management Journal, 1991, 12 (8): 83－104.

[11] 万伦来，达庆利．虚拟企业类生物机制及其生态位研究［J］．东南大学学报：哲学社会科学版，2003，5（4）：59－63

[12] 闫安，达庆利．企业生态位及其能动性选择研究［J］．东南大学学报：哲学社会科学版，2005，7（1）：62－66

[13] 万伦来．企业生态位及其评价方法研究［J］．中国软科学，2004，7（1）：73－78.

[14] Hannan M T, Carroll G R. Dynamics of Organizational Populations Density, Competition and Legitimation [M]. New York: Oxford University Press, 1992.

[15] Tushman M L, Smith W K. Organizational Technology [M]. Baum J (Ed.), Malden, MA: Blackwell Companion to Organizations, 2002.

[16] 郭秀清，严隽薇．基于项目管理的虚拟企业性能评价指标体系和方法研究［J］．制造业自动化，2004，26（9）：1－12.

[17] 夏维力，杨海光，张莹．基于生态位理论的虚拟企业 BP 神经网络评价模型研究［J］．工业工程，2007，10（2）：71－76.

[18] Amos J W, Gibson D V. An Exploratory Model of Agility: Key Facilitators and Performance Metrics [A]. Atlanta, USA: Proc. of the 4th Annual Agility Forum Conference [C], March 7－9, 1995, 2: 272－276.

[19] Yusuf Y Y, Sarhadi M, Gunasekaran A. Agile Manufacturing: The Drivers, Concepts and Attributes [J]. International Journal of Production Economics, 1999, 62 (1): 33－43.

[20] Yang S L, Li T F. Agility Evaluation of Mass Customization Product Manufacturing [J]. Journal of Materials Processing Technology, 2002, 129 (1): 640-644.

[21] Meyer M H, Utterback J M. The Product Family and the Dynamics of Core Capability [J]. Sloan Management Review, 1993, 34 (3): 29-47.

[22] 福克纳, 鲍曼. 竞争战略 [M]. 北京: 中信出版社, 1997.

[23] Christine O. Sustainable Competitive Advantage: Combining Institutional and Resource-based Views [J]. Strategic Management Journal, 1997, 18 (9): 697-713.

[24] 魏江. 企业核心能力的内涵与本质 [J]. 管理工程学报, 1999, 13 (1): 53-55.

[25] 薛晓芳, 覃正. 虚拟企业的知识创新机制及其知识生态位研究 [J]. 情报杂志, 2008d, 27 (8): 73-76.

[26] Camarinha-Matos L M, Afsarmanesh H. The Virtual Enterprise Concept [A]. Porto, Portugal: IFIP TC5 WG5.3/PRODNET Working Conference on Infrastructure for Virtual Enterprise [C], October 27-28, 1999: 3-14.

[27] 刘建国, 马世骏. 扩展的生态位理论——现代生态学透视 [M]. 北京: 科学出版社, 1990.

第8章

虚拟物流联盟绩效的影响因素分析

虚拟物流联盟是一种重要的物流组织创新形式，它的兴起不仅改变了传统的物流企业边界，也改变了物流企业之间的竞争环境和竞争方式。本章主要探讨在虚拟物流联盟的运营过程中，企业如何借助于IT能力、信任和信息沟通三者之间的互动关系来提高联盟绩效的问题。通过对相关理论文献的归纳和分析，本研究提出了一个有关IT能力、信任和信息沟通对联盟绩效实施综合影响的理论研究框架。

8.1 要素界定

8.1.1 联盟绩效

迄今为止，对于联盟绩效（Alliance Performance，AP）还没有一个统一的定义，但目标的实现基本上是最好的解释（Anderson & Narus，1990[1]；Lin & Germain，1998[2]）。对于联盟绩效的定义主要依赖于目标实现的实质内容。Ariño（2003）首先基于对已有文献的分析，提出联盟绩效是指合作伙伴共同的或个人的、最初的或临时的目标实现程度[3]。这是有关联盟绩效的狭义概念。Ariño（2003）最终通过实证分析，进一步把联盟绩效的定义完善为：联盟绩效是指合作伙伴共同的或个人的、最初的或临时的目标实现程度以及合作伙伴可接受的相互作用程度[3]。这是有关联盟绩效的广义概念，因为这一定义不仅考虑了结果绩效的内容，而还包含了过程绩效的内容，是目前为止现有文献给出的对联盟绩效最为完整的解释。在通常的情况下管理者对联盟绩效所做出的整体评价不仅包括联盟输出的内容，而且还可能包括联盟过程的内容。因此，我们的研究同时从结果和过程两个方面来关注影响联盟关系成功要素的作用路径。这一有关联盟绩效的广义概念，包含以下三个方面的内涵。

1. 联盟目标实现程度

合作双方通过建立联盟关系以实现共同的战略目标（Mjoen & Tallman，1997[4]；Zaheer et al.，1998[5]），当非常重要的战略需求被满足时，可以说战略联盟具有良好的绩效（Parkhe，1993）[6]。

2. 整体绩效满意度

由于联盟绩效涉及联盟目标的实现问题，因而我们可以从中识别出与目标完成有关的三个层面的绩效：财务绩效、运作绩效以及组织效率。在这三个层面的绩效中，组织效率最具综合性。因为，如果利润是一个具体的实现目标，那么组织效率就会明确包含财务绩效；如果运作的成功能够带来联盟目标的实现，那么组织效率就会暗含运作绩效。因而，我们可以用整体绩效满意程度来体现合作双方对运作绩效和财务绩效的满意程度。这样，不仅包括了内部绩效（财务绩效）的内容，而且包括了外部绩效（运作绩效）的内容。这与戴勇（2002）指出应从内部绩效和外部绩效方面对物流企业联盟的绩效进行度量[7]的原则具有内在的一致性。

3. 合作关系满意度

戴勇（2002）指出应从合作绩效对物流企业联盟的绩效进行度量[7]。而合作关系满意度主要是对物流联盟各个合作企业之间合作关系的相互度量。

8.1.2 信息沟通

在有关组织关系研究的外文文献中，我们通常会看到“Information Communication”、“Information Sharing”和“Information Exchange”等这样一些术语。信息沟通、信息共享及信息交换其实是同一意义的不同表达。通常，行为研究者更愿意使用“信息沟通”这一术语；而 IS 研究者则习惯于使用“信息交换”来表达企业间的信息流动；“信息共享”这一术语更多地出现在国外的文献中。而国内文献则通常将其译为“沟通”或者“交流”，但沟通更强调主观意愿。

沟通被广泛地定义为公司之间有意义的和及时的，正式或非正式的信息共享（Anderson & Narus，1990）[1]。而我们则是基于信息的基本特性来对企业之间的沟通水平进行研究，因而采用了信息沟通（Information Communication，IC）这一术语。

一项 ECR 研究报告（1995）指出：为了 IT 技术能够在供应链伙伴中创造紧密的联系，下面一些方面是必须的：（1）适当、准确的信息是可得到的；（2）供应链中的信息以及时的方式流动；（3）商务过程支持和有能力使用决策过程中的信息[8]。Whipple 等（2002）的研究也指出：获取市场竞争优势的能力与信息交换的及时性、准确性及决策相关性相联系[9]。这两项研究均指出信息的准确性、及时性作为信息的基本特征在供应链管理中的重要作用。另外，Daft 和 Lengel（1986）的研究指出了信息量和信息充分性是两个基本的信息特征[10]。

基于以上分析，我们将信息沟通定义为：企业之间进行的准确、及时、充分的信息交换的数量。这一有关信息沟通概念的内涵包括用来表征信息本质特征的准确性、及时性、充分性和信息量四个方面。

8.1.3 信任

信任（Trust）在本质上是一种复杂的心理状态，通常取决于特定的时间、背景。因而，相关的研究者通常会通过考察被信任者的特征来理解信任的涵义。

定义 1：Anderson 和 Narus（1990）将信任定义为：一个企业相信另一个企业会表现出对企业具有正向结果的行为，而不是采取会导致其具有负面结果的非预期行为[1]。

定义 2：Moorman et al（1993）认为信任依赖于交易伙伴的意愿而存在，其中一方对交易伙伴充满自信[11]。

定义 3：Morgan 和 Hunt（1994）认为信任在一个团队自信于交易伙伴的诚实可靠时而存在[12]。

定义 4：Wilson（1995）认为信任是在交易关系中相信对方会尽其所能为自己带来利益[13]。

定义 5：一方自信交易关系的另一方不会利用它的弱点，虽然他们面临机会可以这样做（Barney & Hansen，1994[14]；Dyer & Chu，2003[15]；Mayer et al.，1995[16]；Ring & Van de Van，1992[17]；Zaheer et al.，1998[5]；Rekha et al.，2006[18]）。这一观点具有深远的影响力。

基于对被信任者的特征考虑，Das 和 Teng（1998）提出了将信任划分为善意信任和能力信任两个类型[19]，这一观点得到了广泛的认可。而联盟研究者更常使用的是 Zaheer 等（1998）提出的基于机制化的信任和基于个人关系的信任这种分类方法。在该研究中他们指出，基于机制化的信任也被称为组织之间的信任，是核心组织成员对合作组织的信任程度；而基于个人关系的信任则是指跨越边界的代理人在合作组织中对其同伴的信任程度[5]。我们的研究仅针对组织之间的信任关系，因而结合了 Das 和 Teng（1998）和 Zaheer et al（1998）的研究将信任定义为：在合作组织中一方对合作伙伴的善意和能力充满信心。

8.1.4 IT 能力

在 IS 研究领域，大量的文献从企业 RBV 出发使用了“IS 资源、IT 资源”这样的术语；也有文献将资产与资源的概念混淆，使用“IT 资产”这样的术语。但更多的文献，尤其是国内的文献则是基于资源的能力观，使用了“IT 能力”这样的术语。作为一个新兴的多学科研究领域，迄今为止还没有形成对 IT 能力（IT Capability）的统一定义。各国的学者分别基于不同的研究视角给出了 IT 能力的不同定义，本文将其进行梳理，分类归纳如下：

1. 基于成本视角的界定

IT 能力的概念最早由 Ross 等（1996）提出，他们认为 IT 技术本身的先进性并不能为企业带来成功，企业的成功源自于 IT 能力；IT 能力是指控制与 IT 技术相关的成本以及通过实施 IT 技术来影响组织目标的能力[20]。

2. 基于能力视角的界定

William（2002）指出如果企业仅仅是对 IT 技术投资，而不是对整个 IT 能力投资，那么组织目标将很难实现；IT 能力是集软硬件、共享服务、管理实践以及技术技能和管理技能在内的能力[21]。

3. 基于技术视角的界定

Tippins 和 Sohi（2003）认为 IT 能力是指通过熟练利用 IT 技术来有效管理企业内部信息的能力[22]。

4. 基于资源配置视角的界定

最具影响力的是 Bharadwaj（2000）基于企业 RBV 给出的定义，他认为 IT 能力是指通过动用和配置自身的 IT 资源来整合组织其他资源的能力[23]。

5. 基于联盟视角的界定

为了探索供应链上的核心企业如何借助于 IT 技术来提高企业绩效，Rai 等（2006）提出了 IT 集成能力的概念，他们认为 IT 集成能力是核心企业利用 IT 基础设施，跨越组织边界来高速传输供应链信息的能力[24]。该定义从技术资源的维度来界定 IT 能力，基于此概念，我们给出了 IT 能力的狭义概念：企业利用 IT 基础设施，实现企业内部及其联盟间信息共享的能力。在供应链管理和战略联盟研究中通常使用到的 IT 能力即是指该概念内容，重点强调 IT 基础设施在增强企业竞争优势方面的作用。

Henderson 和 Venkatraman（1993）指出 IT 能力并不仅仅是一种特定的复杂技术功能的集合，因为它是影响技术使其区别于竞争者的企业能力[25]。现有的研究结果表明，虽然通过 IT 投资能够得到 IT 资源，但 IT 资源本身并不能创造或维持竞争优势，它必须与其他资源或能力相结合形成 IT 能力才能产生战略收益（Clemons & Row，1991[26]；Wade & Hulland，2004[27]）。组织资源不仅仅指技术资源，基于资源的观点通常趋向于定义资源为广泛的概念（Bharadwaj，2000）[23]。IS 研究者 Addas 和 Pinsonneault（2007）基于联盟视角将 IT 能力定义为：以独特的方式，在公司内部或联盟间，利用与 IT 相关的资源、惯例的整合来支持公司战略的能力[28]。我们基于企业能力观来研究 IT 技术对联盟绩效的重要影响作用，重点强调 IT 技术的资源整合能力。这种整合不仅体现在企业内部的能力整合，而且也体现在企业之间的能力整合方面。因而，我们将 IT 能力的广义概念界定为：通过 IT 资源的配置来整合公司内部或联盟间其他资源的能力。这一有关 IT 能力的界定考虑了组织资源的多个维度。

IT 能力是一个多维的概念，将 IT 能力分解为有意义的子成分是至关重要的（Melville et al.，2004）[29]。这将有助于我们透彻地了解不同类型的 IT 能力对联盟绩效的不同影响方式和影响程度。Grant（1991）提出了将资源分类为有形资源、无形资源和人力资源三种类型[30]。Bharadwaj（2000）指出 IT 基础设施概念作为低层次有形资源的局限性，她认为 IT 基础设施更可能被竞争对手所模仿。IT 能力应该通过较低层次的有形 IT 资源与补充的无形资源和人力资源的联合而被构建[23]。这一分类方法，已经被大量的实证研究者所借鉴。

Bharadwaj（2000）认为 IT 能力以 IT 技术资源为基础，包括 IT 基础设施、IT 人力资源和 IT 无形资源[23]。其中，IT 无形资源主要包括业务资源和关系资源。Bharadwaj 等（1999）给出的 32 种六类 IT 能力即是基于此分类框架之下。但 Bharadwaj 等（1999）的研究是基于企业观而给出的，没有考虑到企业之间 IT 能力的整合问题。

我们基于联盟观对 Bharadwaj 等（1999）[31] 提出的 IT 能力分类框架进行了延伸，并将 IT 能力划分为：IT 与业务关系、外部 IT 联系、IT 管理能力和 IT 集成能力四类。

1. IT 与业务关系

属于 IT 的业务资源维度，反映了企业内部将技术提供者和技术使用者有效地凝聚在一起，保持他们之间良好合作关系的能力（Bharadwaj et al.，1999）[31]。

2. 外部 IT 联系

属于 IT 的关系资源维度，反映了企业与其关键业务伙伴，包括客户、供应商和其他外部合作伙伴之间依靠 IT 技术建立联系的程度（Bharadwaj et al.，1999）[31]。

3. IT 管理能力

属于 IT 的人力资源维度。IT 人力资源很难被其他竞争对手所获取和模仿，因而能够为企业带来竞争优势（Anandhi，2000）[32]。IT 人力资源可以预测企业长远经营对 IT 技术的需要并实现技术创新。不仅如此，高效的 IT 使用者还能够更大限度地得益于 IT 技术带来的无形收益（Anandhi，2000）[32]。

4. IT 集成能力

属于 IT 的技术资源维度，是企业利用 IT 基础设施进行企业内部及其联盟间信息共享的能力。IT 基础设施的构建不仅可以使企业迅速识别并开发出关键的应用软件得以支持其竞争需要，从而使企业领先于其竞争对手，而且可以实现不同经营机构间有效的沟通与合作。

一个集成良好的 IT 平台的信息交换能力要远远大于任何一个单独的部分。为了实现不同分类软件之间的实时沟通，企业之间需要经过谈判而使得数据和应用软件的集成以及过程的标准化得到实施。IT 基础设施的集成使得不同合作伙伴间的各种类型的应用软件和不同职能部门之间的信息一致性和及时的信息转换成为了可能（Rai et al.，2006）[24]。在供应链管理中，多功能应用软件的集成可以使得一系列有关 SCM 规划和执行的应用软件之间的实时连通以及与 ERP、CRM 软件的联通成为可能；数据的共通定义和一致性不仅使得供应链之间的连通成为了可能，而且使得企业之间和供应链伙伴之间的信息互换成为了可能（Rai et al.，2006）[24]。

8.2 文献回顾

8.2.1 信息沟通与虚拟物流联盟绩效的关系研究评述

由于协调行为是极为重要的行为，所以研究以信息协调共享为主的成员企业在联盟中的协调沟通是管理运作虚拟物流企业的核心之一（Balsmeier & Voision，1996）[33]，简单地讲信息的共享与沟通能使得联盟的成员企业之间有效地安排物流作业，促进成员企业间的相互信任，提高整个联盟的快速反应能力，降低牛鞭效应（Gavirneni et al.，1999）[34]。

现有的研究结果表明：沟通是合作双方通过规划、协调和参与，这样的信息共享方式来降低冲突（Anderson & Weitz，1989）[35]。联盟要求合理、公开的信息交换，以便可以在随后的期间里维持关系和促进交易成功（Mentzer et al.，

2000)[36]。Jao（1997）认为合作伙伴良好的沟通质量与沟通频率，对联盟绩效的表现有正向影响作用[37]。虽然这些早期的研究已经开始关注不同的信息特征对联盟绩效产生的不同影响作用。但直到 2000 年以后，相关的研究才取得了突破性的进展。

Whipple 等（2002）通过对采供双方的信息沟通水平对运作绩效满意度的影响作用研究，发现信息的充分性对运作绩效满意度并无显著影响。对采购方而言，合作伙伴信息的准确性和信息交换的数量对运作绩效满意度有显著的相关关系；而对供应商而言，合作伙伴信息的及时性和信息交换的数量对运作绩效满意度有显著的相关关系[9]。

Sanzo 等（2003）认为合作双方之间的有效沟通是影响满意的重要因素之一[38]。通过沟通，双方可以更加了解对方的商业目标，并利用沟通所获得的信息更加有效地独立完成任务，这无疑会增加双方对合作关系的满意度（Mohr & Spekman，1994）[39]。

Lioukas（2005）通过对沟通方式的选择对联盟绩效的影响作用的研究，检测了信息量和信息充分性如何影响联盟生命周期的不同阶段。研究发现信息交换量会增加联盟的绩效；而信息的充分性对联盟绩效并没有显著的直接相关关系[40]。

由此可见，对于信息沟通水平与联盟绩效之间的影响研究只是在最近几年才成为学术研究的热点。现有的一些研究分别从运作绩效满意度、合作关系满意度和联盟目标实现等方面证实了不同的信息特征对联盟绩效改善的不同重要性。

8.2.2 信任与虚拟物流联盟绩效的关系研究评述

组建物流联盟的目的就在于加强节点企业的核心竞争能力，快速反应市场需求，最终提高整个物流链的市场竞争能力（Fisher，1997）[41]。要达到此目的，加强企业间的合作、培养企业间的信任是虚拟物流企业联盟成员管理的核心。

对于信任与联盟绩效的关系问题，研究者们从 20 世纪 90 年代就开始了广泛的关注。大量的实证研究已经证实组织之间的信任是导致联盟成功的关键因素（Dyer，1996）[42]。信任不仅使原先独立的企业开始紧密合作，还进一步扩大了联盟的活动领域和范围；信任在为企业带来信心、安全和信誉的同时，也降低了彼此发生冲突的可能性，从而降低了关系风险、运行复杂性和交易成本（张明等，2008）[43]。研究者普遍的观点认为信任通过缩减合作伙伴间冲突及交易成本来改善联盟绩效（Dyer & Chu，2003[15]；Mohr & Spekman，1994[39]；Zaheer et al.，1998[5]）。然而，随着研究的不断深入，研究者已经开始认识到信任和联盟之间的关系可能是复杂的，且与其他一些别的因素相一致。目前对信任与联盟绩效之间关系的研究已经相对比较成熟，已经从二者之间相关关系的研究转向了二者之间影响机制的研究，但还鲜有文献关注信息沟通在二者之间的中介作用。

8.2.3 IT 能力与虚拟物流联盟绩效的关系研究评述

现代信息技术的应用是现代物流得以区别于传统物流的一个主要方面，它是虚拟物流联盟得以形成的基础性条件，构成了虚拟物流联盟组建和运行的基本环境。通过提供构筑在信息技术平台基础上的物流联盟运行环境，实现了物流联盟的信息管理。因此对于信息技术在物流行业中应用的相关论述很多。但这些论著仅限于 IT 技术本身。

事实上，影响企业竞争优势的并不是单纯的 IT 技术本身，而是依靠 IT 技术所形成的对组织中其他资源的整合能力，即 IT 能力。Mukhopadhyay 和 Kekre（2002）研究发现在联盟中供应商的战略收益一致于他们如何改善与 EDI 有关的技术能力[44]；Barua 等（2004）研究证实了财务绩效随着客户在线信息处理能力的增强而增加，而随着供应商在线信息处理能力的增强而下降[45]；Rai 等（2006）通过对 110 家制造企业和零售企业的供应链/物流主管调查得到的数据，验证了核心企业可以通过供应链集成企业间 IT 基础设施的集成，建立起包括物流、资金流、信息流在内的供应链集成能力，从而实现持续的绩效增长，尤其是运作效能和收入的增长[24]。这些研究对于联盟绩效的关注点仅限于财务收益；而对 IT 能力的关注点则从 EDI，到在线信息能力，再到 IT 基础设施的集成，所涵盖的范畴虽然越来越宽泛，但仍然仅限于技术资源方面（Chatfield & Yetton，2000[46]；Melville et al.，2004[29]；Mukhopadhyay & Kekre，2002[44]；Truman，2000[47]；Venkatraman & Zaheer，1990[48]）。而对于 IT 能力与联盟绩效之间影响机制的研究就更加的罕见。

通过以上对相关文献的归纳、总结，我们发现信息沟通、信任以及 IT 能力对联盟绩效有重要的影响作用。但鲜有文献对信息沟通、信任以及 IT 能力对联盟绩效的综合影响作用进行系统研究。

8.3 要素关系论证

8.3.1 信息沟通、信任和 IT 能力对联盟绩效的影响作用分析

1. 信息沟通对联盟绩效的影响作用

合作伙伴之间的信息沟通对建立成功的联盟关系至关重要。大量的问卷调查

和企业实践告诉我们联盟缺乏成功的根本原因是无效的沟通（Ertel et al.，2001[49]；Rigsbee，2005[50]）。为了在合作中获取额外利润，合作伙伴之间进行有效的沟通是必要的。有研究认为信息共享显然是影响联盟关系成功的不同基本要素中最普遍的（Whipple et al.，2002）[9]。

首先，信息沟通能有效地促进交易成本的降低。信息沟通不仅能够有效地降低监督成本，而且还能够有效地促进协调成本的降低。Lioukas（2005）指出在任务分解度较低的情况下，合作伙伴很难通过大量信息交换获取的信息来评价彼此的贡献，并以此进行相互监督，但可以通过面对面、充分的信息交换来诊断合作伙伴的意图。而在任务分解度较高的情况下，合作伙伴仅靠使用新通信媒介得到的大量信息就可以对合作伙伴在质量和进程方面为联盟做出的贡献进行评价[40]。当然，信息量和信息充分性不仅为了监督而且为了协调的目的。根据Daft 和 Lengel（1986）的研究，信息量会缩减不确定性，而信息充分性则会缩减不可靠性。在任务分解度和文化相似度较低的情况下，不可靠性是高的。不可靠性暗示了可得到信息的多重解释和冲突性。在不可靠的情况下，基本问题不是大量信息的获取，因为如果不能被解释，这样的信息是无意义的。相反，关键的问题是对可得到的信息给出解释[10]。新通信媒介的使用虽然可以大大降低大量信息交换的成本，但并不能提供充分的信息，它只能提供有限的机会来解释信息（Rice，1992）[51]。而面对面的沟通由于可以提供充分的信息而能对模棱两可的信息做出解释。因而，在高不可靠的情况下，信息充分性可以被用于监督和协调的目的。

其次，信息沟通有利于联盟目标的实现。沟通有利于合作伙伴对联盟目标以及合作伙伴在联盟中扮演的角色和各种角色在联盟中所承担责任的理解（Inkpen，1996）[52]。现有的研究认为频繁地进行相关信息的交换，可以有效地提高联盟双方对彼此商业目标和企业能力等方面的认识，这将有利于双方就合作目标达成一致，从而使得潜在的冲突得以有效解决（Narus & Anderson，1987）[53]。而且，随着沟通水平的提高，联盟双方对彼此的资源和能力有了更深的了解（Sanzo et al.，2003）[38]，因而更加愿意积极地参与并配合对方决策的制定和目标的实现，这将进一步有利于提高合作企业对彼此价值观和文化的认可度，减少了双方发生冲突的可能性，从而提高了合作双方对交易关系的满意度（苏文清，2008）[54]。由此可见，联盟关系越成功表明沟通质量越高，企业间的信息共享越频繁，而且越多地参与了合作伙伴战略计划的制订和目标的实现。

最后，不同的信息特征以不同的方式影响着联盟输出。Goodman 和 Dion (2001) 认为在企业之间的沟通过程中应该注重沟通的质量而不是数量[55]。Mohr 和 Sohi (1995) 认为沟通频率（沟通数量）会影响沟通质量，进而影响到沟通的满意度[56]。这些研究表明了信息的数量和质量都会对绩效产生影响。信息量和信息充分性是信息的两个基本特征，前者表征信息的数量，后者表征信息的质量，二者通过不同的方式来影响联盟的输出。Daft 等 (1986) 指出组织设计可以通过提供充分的信息来缩减不可靠性和提供足够的数据来缩减不确定性[10]。信息充分性能够有效阻止很多问题的发生（Williamson，1985)[57]，而信息量能够缓解代理问题。当然，信息充分性和信息量并不是影响联盟输出的唯一信息特征，其他一些表征信息质量的指标，如信息准确性和信息及时性也会起作用（Lioukas，2005)[40]。及时和准确的信息共享显示了合作企业间强烈的合作意图，这会增强交易双方的情感和提升彼此对待合作关系的积极态度。

以上分析表明，信息沟通对联盟绩效有促进作用，沟通的程度越深、质量越高，就能越大地促进联盟关系的成功。

2. 信任对联盟绩效的影响作用

现有的联盟文献强调，在长期的组织关系发展中信任处于核心地位 (Parkhe，1998[58]；Smith & Barclay，1997[59])。信任被很多的学者认为是战略联盟成功的重要影响因素之一（Bleeke & Ernst，1993[60]；Smith & Barclay，1997[59])。我们结合李东红和李蕾（2009）的研究，对此进行了归纳总结，具体的原因如下[61]：

首先，信任降低了联盟运行的交易成本，尤其是监督成本（Monitoring Costs)。在长期的关系中，合作伙伴间紧密的合作与集成将有利于降低风险、机会主义行为的发生以及交易资源的浪费，因而交易成本相对较低。契约观的核心内容是保护企业使其免于受到合作伙伴机会主义行为造成的占有风险 (Williamson，1985)[57]。占有风险可以通过对合作伙伴的监督促使伙伴企业对联盟的贡献趋于均衡而被降低（Oxley，1997)[62]。Moore (1998) 研究认为信任关系的存在缩减了伴随着机会主义行为而出现的风险感知[63]。由于可以相信对方所做的事不会对自己不利，以及对方在实施承诺过程中的不确定性和风险性较小，因而减少了双方在为消除机会主义行为而建立的监督机制等方面的投入 (Madhok，1995[64]；Liu et al.，2006[65])。当交易被信任所控制时，交易者之间的交易成本（如谈判成本和监督成本）就会降低（Barney & Hansel，1994)[14]。

Zaheer 等（1998）研究认为信任通过降低双方的交易成本，如监督成本和谈判成本等来提高交易双方的绩效[5]。

其次，信任缓解了联盟双方的冲突发生。企业之间的信任将有助于推动合作伙伴自觉遵守并履行双方达成的协议。Zaheer 等（1998）研究认为信任作为社会交换的纽带能够使得交易双方的联系更密切，从而可以在交易双方在目标等方面存在不一致性和交易中存在诸多不确定性的情况下，通过双方迅速的相互理解和支持来减少发生冲突的可能性[5]。信任可以促使一方对另一方所表现出来的模棱两可的行为给予有利于稳定合作双方关系的解释（Doz，1996)[66]，从而增加伙伴企业的容忍度和促使伙伴企业在更大程度上做出妥协，避免或者减少采取仲裁、诉讼等方式来解决双方的冲突。并且由于信任的存在可以使得合作双方能够接受合作中出现的局部目标冲突或短期不公平，因为双方将更看重长远目标的实现和长期的公平，这无疑将有利于联盟合作效率的提高(Parkhe，1993)[6]。

最后，信任促进了联盟双方的合作意愿。合作伙伴之间的信任程度不但会影响对联盟绩效的评估，而且对未来联盟双方合作的意愿也会产生影响。联盟中伙伴企业之间的相互独立性，决定了联盟决策必然是在相互协商基础上的共同决策；而信任关系的存在有利于在外部环境发生变化或者伙伴企业做出可能会影响双方合作的重大变化时，合作各方自愿采取合作态度，并相互协作、共同推动突变战略决策的形成（Kumar，1996[67]；Poppo & Zenger，2002[68]）。

以上分析表明，信任通过缩减合作伙伴间的冲突及交易成本，增强合作意愿来改善联盟绩效。合作伙伴间的信任程度越高，越能促进联盟关系的成功。

3. IT 能力对联盟绩效的影响作用

信息和信息技术被广泛地认为与绩效相关。而 IT 能力主要体现在 IT 技术的应用程度上，有效地采纳和实施 IT 技术对于联盟关系的成功是至关重要的(Glazer，1991)[69]。IT 基础设施的集成能够极大地帮助伙伴企业降低合作过程中的信息搜寻成本，现有的文献已经从 IT 技术对技术资源的整合能力方面证明了 IT 能力（如：EDI 能力、在线信息能力和 IT 基础设施集成能力）的提高能够促进绩效的持续增长，尤其是运作效能和收入的增长（Barua et al.，2004[45]；Mukhopadhyay & Kekre，2002[44]；Rai et al.，2006[24]）。IT 能力对联盟绩效的促进作用主要体现在以下几个方面：

首先，IT 能力能够有效缩减企业之间的协调成本（Coordination Costs）。IT 技术是战略联盟得以发展的关键要素。过去 20 年，伴随着企业在 IT 技术上的广泛投资，基于IT技术的联盟（如供应链集成企业）开始在组织间迅猛的增长。大家普遍认可，这主要是，至少是部分地受新出现的IT技术，如互联网和视频会议等的影响。现有的文献已经证明了IT技术会对协调成本产生影响（Afuah，2003）[70]，IT技术缩减的外部协调成本要比内部协调成本更多（Hitt，1999）[71]。这就说明了各种形式的组织之间的合作，如战略联盟、合资经营从IT技术的进步中将会获利更多（Bensaou，1997）[72]。能力基础观强调在执行复杂的、独立的任务过程中的协调成本（Gulati & Singh，1998）[73]。这些协调成本并不依赖于机会主义的假设而是依赖于联盟可以通过对任务复杂性的高度协调来实现组织特征化的假设。在联盟中通过IT技术与组织其他资源的整合形成IT能力，可以极大地改善联盟整体的协同性，从而使得组织的协调成本更低。

其次，IT能力的形成体现了IT在业务价值创造中的作用。企业基于IT技术对企业内部或者联盟之间的资源和惯例进行整合，从而形成IT能力，这是支持业务战略的唯一途径（Addas & Pinsonneault，2007）[28]。企业RBV对IT技术如何为企业创造价值给出了充分的解释（Melville et al.，2004）[29]。在联盟内部的资源共享会为企业的竞争优势做出贡献（Chatfield & Yetton，2000[46]；Mukhopadhyay & Kekre，2002[44]）。RBV解释了在战略联盟中如何通过资源的共享来获取IT的业务价值（Melville et al.，2004）[29]。这种资源的共享同时发生在企业内部和联盟之间两个层次上。

（1）企业内部的资源共享

近20年来，IT技术的迅猛发展已经极大地改变了我们的商业环境。IT技术的影响如此之大，以至于被广泛地称作是一种“竞争武器”或者“竞争优势”（Porter et al.，1985[74]；Rayport et al.，1995[75]）。然而，IT技术所形成的企业竞争优势是暂时的，它很容易被竞争对手所模仿和替代。这种竞争优势被维持时间的长短与IT技术被保护，避免被竞争对手进入的程度有关。为了实现持续的竞争优势，企业必须基于IT技术进行内部的能力整合。对于传统的独立企业而言，人力资源、技术资源和关系资源是其经营活动中所必不可少的资源，而IT技术的出现和迅猛发展，为这些资源的整合提供了可能。只有将IT技术与人力资源、技术资源和关系资源等组织的其他资源和能力相结合，由这种交互作用形成IT能力，才能使其具有异质性而成为企业的核心能力。大量的研究已经表明IT本身的先进性并不能为一个企业带来成功，企业的成功源自于其IT能力（Ross et al.，1996）[20]。

（2）联盟之间的资源共享

现代企业分工在提高企业专业化能力的同时也造成了企业能力体系的不完备。为了弥补自身能力的缺陷，越来越多的企业开始通过合作形成战略联盟来获取外部能力，因为这种方式比自身的积累或兼并、收购更为快捷、有效。IT 技术是企业间建立联盟进行有效合作的有力保证。信息网络在为地理分布的企业提供建立联系、共同工作的重要渠道的同时，也为联盟之间资源的共享提供了可能。

（3）IT 能力能够有效增强企业的竞争优势

IT 能力能够为企业提供一种竞争优势。在企业 RBV 看来，竞争优势主要来源于企业内部的特征，IT 资源是一种获取竞争优势的来源（Wade & Hulland，2004[27]；Rivard，2006[76]）。Mata 等（1995）基于战略需求的假设，提出 IT 技术通过影响或利用具有互补作用的人力资源和业务资源来创造可持续的竞争优势[77]。Mata 等（1995）通过对可能产生可持续竞争优势的各种 IT 资源的调查发现，IT 管理技能是获取可持续竞争优势的唯一资源，并不像其他的 IT 资源，它不可能实现低成本模仿。IT 管理技能的发展是一个社会复杂过程。它不仅依赖于 IT 经理和其他部门经理之间密切的个人关系，而且还需要大量时间的消耗，因为熟练地运用为其他部门经理定制的 IT 基础设施，需要花费 IT 经理很多年的时间[77]。另外，Ray 等（2005）通过对客服部的研究，证实了 IT 管理技能可以增强公司客服部的绩效，而其他的技术资源却不能有效实现绩效的增长[78]。

以上分析表明，IT 能力的提升能够促进联盟绩效的改善。企业内部和联盟之间的 IT 能力越强，就能越大地促进联盟关系的成功。

8.3.2 信任和 IT 能力与联盟绩效之间的影响机制分析

1. 信任对联盟绩效的间接影响作用

信任被广泛地认为是联盟稳定的基础和成功的重要标志。信任不仅有利于知识的转移和信息的共享，还能够提高联盟企业对合作关系和绩效的满意度（张明等，2008）[43]。Dyer 和 Chu（2003）通过对来自美国、日本和韩国的 344 个供应商和汽车制造商之间的信任关系、交易成本和信息共享问题的调查，用实证方法证明了信任与交易成本的缩减和采供双方大量的信息共享有关[15]。

信任是一种重要的竞争资源，它的存在有利于交易成本的缩减。Dyer 和 Chu（2003）的研究认为信任是唯一的治理机制，与具有较高信任的汽车制造商相比，具有较低信任的汽车制造商必须花费大量的精力就合同签订和讨价还价的问题与供应商进行面对面的协商，且具有较低信任的汽车制造商的采供（交易）成本是具有较高信任的汽车制造商的五倍[15]。

不仅如此，Dyer 和 Chu（2003）还证实了信任可以与信息共享相互促进，信息共享在交易关系中也会创造价值。在该研究中，他们指出理论上采购商的忠诚与供应商的信息共享有正向关系是因为两个基本的原因[15]。

（1）如果供应商可以信任采购商没有机会主义行为，他将更愿意自信地共享产品成本、产品设计或者过程创新等信息（Nishiguchi，1994）[79]。只要能够信任采购商不会窃取其思想与他们的竞争对手共享，或者试图榨取供应商的利润边界，供应商家就会愿意共享信息；在缺乏信任的情况下，因为信息可能会被机会主义侵入，因而对于新思想、新技术的信息共享就不可能被使用。

（2）信任的缺乏会导致供应商拒绝利用有用的、潜在的相关信息来解决问题。如果不能相信可以与一起合作的采购商来共同解决问题，供应商就不可能愿意共享有关产品、设计等方面的信息。特别是，供应商不可能愿意共享任何揭示他们在运作或者成本结构方面的劣势，即使通过这样的信息共享能够从采购商那里得到有价值的建议，从而导致问题的有效解决。相反，高的信任可能导致表达机制的形成（如问题的共同解决），而不是阻止这种表达机制的形成（如关系的终止）。

Dyer 和 Chu（2003）的研究表明，信任能够促进信息沟通，信息沟通在信任与联盟绩效的关系中具有显著的中介作用。

2. IT 能力对联盟绩效的间接影响作用

IT 能力主要体现在 IT 技术的应用程度上，而信息沟通则是以 IT 技术作为基础和媒介，显然 IT 能力与信息沟通之间存在着密切的关系（李随成，杨功庆，2008）[80]。IT 能力不仅使企业内外部的信息沟通更顺畅，而且对于合作关系的改善和企业合作目标的实现都是有效的。

（1）IT 能力可以促进信息的大量交换

ICT 的进步已经使得企业以低成本进行大量的信息处理和交换成为了可能（Lioukas，2005）[40]。媒介选择理论认为，新通信媒介的使用大大增加了合作伙伴间信息交换的数量（Daft & Lengel，1986）[10]，以至于 IT 能力通常被理解为大量信息交换的能力（Lioukas，2005）[40]。

（2）IT 能力可以提高沟通的效率

沟通效率是指单位时间内有效沟通的次数。首先，IT 能力的形成提高了信息交换的及时性。IT 能力主要体现在 IT 技术的应用程度上，IT 技术的真实价值在于改善组织决策的速度和质量（Day & Glazer，1994）[81]。通过及时收集和传播与市场竞争有关的信息，为合作过程中的同步决策提供了必需的信息（李随成，杨功庆，2008）[80]。其次，企业通过IT技术的应用能够加强沟通、降低风险并为高效的信息交换提供技术支撑（Henriott，1999[82]；Mariotti，1999[83]）。如利用Email的“多地址”特性可以实现多项沟通活动的同时“并发”，有效地提高了沟通活动的效率（李霆，张朋柱，2002）[84]。

（3）IT能力的提高能够加强组织内外信息共享的程度（Sanders & Premus，2005）[85]

通过提高企业内部不同职能部门之间信息共享的能力和帮助企业突破产品、服务地域的限制实现信息共享，IT基础设施的集成有效地提高了企业的创新能力、利用商业机会的能力和快速响应经营战略需求变化的能力（Weill et al.，2002）[86]。不仅如此，具备强IT人力资源的企业还能够有效地实现不同经营机构之间的信息沟通和合作（Anandhi，2000）[32]。

以上的分析表明，IT能力能够促进信息沟通，信息沟通在IT能力与联盟绩效的关系中具有显著的中介作用。

8.4 理论模型

虚拟物流联盟近二十年来的蓬勃发展表明，它的存在不仅具有深层次的合理性，而且具有相当重要的研究价值。我们上述对联盟绩效、信息沟通、信任和IT能力四个要素之间关系的阐述表明：首先，虚拟物流联盟的形成是基于合作双方之间的信任，而信任有利于组织的沟通。其次，IT技术的有效运用为虚拟物流联盟的成功建立提供了便利。随着IT技术的不断发展，使得企业内外部之间的协调成本变得更低，这在一定程度上提高了企业之间的信息沟通水平。但是单纯依靠IT技术并不能形成竞争优势，只有通过IT技术实现对企业内部及其联盟之间的资源整合，从而形成IT能力，才能保证虚拟物流联盟的成功。IT能力已经成为虚拟物流联盟成功的关键基础要素。而企业间的信息沟通对于消除物流、资金流和信息流的障碍，最小化降低“牛鞭效应”和引导供应链活动效率的最大化具有决定作用。由此可见，IT能力和信任都会影响到物流企业之间的信息沟通水平，这两个方面综合作用的结果共同推动了合作双方关系的稳步发展，从而保障了虚拟物流联盟的成功。基于此，我们提出了如图8-1所示的有关IT能力和信任与信息沟通及其联盟绩效的理论模型，以揭示IT能力、信任和信息沟通及其联盟绩效的深层次关系以及相应要素之间的影响路径。

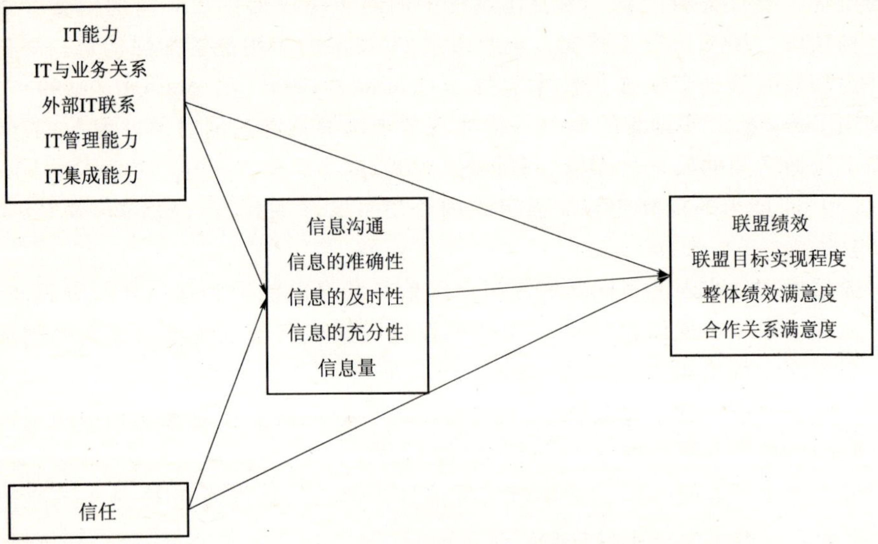

图 8-1 IT 能力、信任和信息沟通及其联盟绩效的理论模型

本章小节

本章的基本贡献就是综合运用沟通媒介理论、交易成本理论和企业能力理论的重要特征发展了一个理论模型，对虚拟物流联盟绩效的重要影响因素——IT能力、信任和信息沟通进行了综合分析。研究表明相互信任是联盟成功的前提，IT 能力的集成是联盟成功的基础，而不断的沟通则是联盟关系持久的保证。IT 能力、信任和信息沟通三者相辅相成，共同为虚拟物流联盟绩效的实现发挥作用。有关 IT 能力、信任和信息沟通及其联盟绩效理论模型的构建不仅为虚拟物流联盟绩效的研究提供了一个比较完备的理论框架，而且也为现有的虚拟物流联盟实践给出了理论上的解释。

参考文献

[1] Anderson J C, Narus J A. A Model of Distributor Firm and Manufacturer Firm Working Partnerships [J]. Journal of Marketing, 1990, 54 (1): 42 - 58.

[2] Lin X, Germain R. Sustaining Satisfactory Joint Venture Relationships: The Role

of Conflict Resolution Strategy [J]. Journal of International Business Studies, 1998, 29 (1): 179 - 198.
[3] Ariño A. Measures of Strategic Alliance Performance: an Analysis of Construct Validity [J]. Journal of International Business Studies, 2003, 34 (1): 66 - 79.
[4] Mjoen H, Tallman S. Control and Performance in International Joint Ventures [J]. Organization Science: A Journal of the Institute of Management Sciences, 1997, 8 (3): 257 - 274.
[5] Zaheer A, McEvily B, Perrone V. Does Trust Matter? Exploring the Effects of Interorganizational and Interpersonal Trust on Performance [J]. Organization Science, 1998 , 9 (2): 141 - 159.
[6] Parkhe A. The Structuring of Strategic Alliances: A Game-Theoretic and Transaction-Cost Examination of Interfirm Cooperation [J]. Academy of Management Journal, 1993, 36 (4): 794 - 829.
[7] 戴勇. 虚拟物流企业联盟的构建与管理 [D]. 上海: 上海海运学院, 2002.
[8] Schmitz J M, Frankel R, Frayer D J. ECR Alliances: A Best Practices Model [P]. Joint Industry Project on Efficient Consumer Response, 1995.
[9] Whipple J M, Frankel R, Daugherty P J. Information Support for Alliances: Performance Implications [J]. Journal of Business Logistics, 2002, 23 (2): 67 - 82.
[10] Daft R L, Lengel R H. Organizational Information Requirements, Media Richness and Structural Design [J]. Management Science, 1986, 32 (5): 554 - 571.
[11] Moorman C, Deshpande R, Zaltman G. Factors Affecting Trust in Market Research Relationships [J]. Journal of Marketing, 1993, 57 (1): 81 - 101.
[12] Morgan R M, Hunt S D. The Commitment-Trust Theory of Relationship Marketing [J]. Journal of Marketing, 1994, 58 (3): 20 - 38.
[13] Wilson D T. An Integrated Model of Buyer-Seller Relationship [J]. Journal of Academy of Marketing Science, 1995, 23 (4): 335 - 345.
[14] Barney J B, Hansen M H. Trustworthiness as a Source of Competitive Advantage [J]. Strategic Management Journal, 1994, 15 (Special Issue): 175 - 190.
[15] Dyer J H, Chu W J. The Role of Trustworthiness in Reducing Transaction Costs and Improving Performation: Empirical Evidence from the United States, Japan and Korea [J]. Organization Science, 2003, 14 (1): 57 - 68.
[16] Mayer R C, Davis J H, Schoorman F D. An Integrative Model of Organizational

Trust [J]. Academy of Management Review, 1995, 20 (3): 709 -734.

[17] Ring P S, Van de Ven A H. Structuring Cooperative Relationships between Organizationships [J]. Strategic Management Journal, 1992, 18 (3): 483 - 498.

[18] Rekha K, Xavier M, Niels N. When Does Trust Matter to Alliance Performance [J]. Academy of Management Journal, 2006, 49 (5): 894 -917.

[19] Das T K, Teng B S. Between Trust and Control: Developing Confidence in Partner Cooperation in Alliances [J]. Academy of Management Review, 1998, 23 (3): 491 -512.

[20] Ross J W, Beath C M, Goodhue D L. Develop Long-Term Competitiveness through IT Assets [J]. Sloan Management Review, 1996, 38 (1): 31 -42.

[21] William R K. IT Capabilities, Business Processes and Impact on the Bottom Line [J]. Information Systems Management, 2002, 19 (2): 85 -87.

[22] Tippins M J, Sohi R S. IT Competency and Firm Performance: Is Organizational Learning a Missing Link [J]. Strategic Management Journal, 2003, 24 (8): 745 -761.

[23] Bharadwaj A S. A Resource-Based Perspective on Information Technology Capability and Firm Performance: An Empirical Investigation [J]. MIS Quarterly, 2000, 24 (1): 169 -196.

[24] Rai A, Patnayakuni R, Seth N. Firm Performance Impacts of Digitally Enabled Supply Chain Integration Capabilities [J]. MIS Quarterly, 2006, 30 (2): 225 -246.

[25] Henderson J C, Venkatraman N. Strategic Alignment: Leveraging Information Technology for Transforming Organizations [J]. IBM Systems Journal, 1993, 32 (1): 4 -16.

[26] Clemons E K, Row M C. Sustaining IT Advantage: The Role of Structural Differences [J]. MIS Quarterly, 1991, 15 (3): 275 -292.

[27] Wade M, Hulland J. Review: The Resources-based View and Information Systems Research Review, Extension and Suggestions for Future Research [J]. MIS Quarterly, 2004, 28 (1): 107 -142.

[28] Addas S, Pinsonneault A. IT Capabilities and Firm Performance: A Resource-Based, Alliance Perspective [C]. ASAC, Ottawa: Ontario, 2007: 231 -249.

[29] Melville N, Kraemer K, Gurbaxani V. Review: Information Technology and

Organizational Performance: An Integrative Model of IT Business Value [J]. MIS Quarterly, 2004, 28 (2): 283 – 320.

[30] Grant R M. The Resource-Based Theory of Competitive Advantage [J]. California Management Review, 1991, 33 (3): 114 – 135.

[31] Bharadwaj A S, Sambamurthy V, Zmud R W. IT Capabilities: Theoretical Perspectives and Empirical Operationalization [C]. Proceedings of the 20th International Conference on Information Systems. Charlotte: NC, 1999, 378 – 385.

[32] Anandhi S B. A Resource-Based Perspective on Information Technology Capability and Firm Performance: An Empirical Investigation [J]. MIS Quarterly, 2000, 24 (1): 169 – 196.

[33] Balsmeier P W, Voision W J. Supply Chain Management [J]. Industrial Management, 1996, 38 (5): 24 – 27.

[34] Gavirneni S, Kapuscinski R, Tayur S. Value of Information in Capacitated Supply Chains [J]. Management Science, 1999 (18): 61 – 73.

[35] Anderson E, Weitz B. Determinants of Continuity in Conventional Industrial Channel Dyads [J]. Marketing Science, 1989, 8 (4): 310 – 323.

[36] Mentzer J T, Min S, Zacharia Z G. The Nature of Interfirm Partnering in Supply Chain Management [J]. Journal of Retailing, 2000, 76 (4): 549 – 568.

[37] Jao I Y. The Interaction-Learning Effects in Cross-Border Manufacturing Alliances [C]. The First International Management Conference. Puli: National Chi-Nam University, 1997.

[38] Sanzo M J, Santos M L, Vazquez R. The Effect of Market Orientation on Buyer-Seller Relationship Satisfaction [J]. Industrial Marketing Management, 2003, 32 (4): 327 – 345.

[39] Mohr J J, Spekman R. Characteristics of Partnership Success: Partnership Attributes, Communication Behavior, and Conflict Resolution Techniques [J]. Strategic Management Journal, 1994, 15 (2): 135 – 152.

[40] Lioukas C. Information and Communication in Strategic Alliances [D]. Fontainebleau: INSEAD, 2005.

[41] Fisher M L. What is the Right Supply Chain for Your Product [J]. Harvard Business Review, 1997 (March-April): 105 – 116.

[42] Dyer J H. Does Governance Matter? Keiretsu Alliances and Asset Specificity as

Sources of Japanese Competitive Advantage [J]. Organization Science, 1996, 7 (6): 649 - 666.

[43] 张明，江旭，高山行．以发展阶段为主线的战略联盟研究评析 [J]. 科技管理研究，2008，28 (6): 495 - 497.

[44] Mukhopadhyay T, Kekre S. Strategic and Operational Benefits of Electronic Integration in B2B Procurement Processes [J]. Management Science, 2002, 48 (10): 1301 - 1313.

[45] Barua A, Konana P, Whinston A B, et al.. An Empirical Investigation of Net-enabled Business Value [J]. MIS Quarterly, 2004, 28 (4): 585 - 620.

[46] Chatfield A T, Yetton P. Strategic Payoff from EDI as a Function of EDI Embeddedness [J]. Journal of Management Information Systems, 2000, 16 (4): 195 - 224.

[47] Truman G E. Integration in Electronic Exchange Environments [J]. Journal of Management Information Systems, 2000, 17 (1): 209 - 244.

[48] Venkatraman N, Zaheer A. Electronic Integration and Strategic Advantage: A Quasi-Experimental Study in the Insurance Industry [J]. Information Systems Research, 1990, 1 (4): 377 - 393.

[49] Ertel D, Weiss J, Visioni L J. Managing Alliance Relationships: Ten Key Corporate Capabilities [M]. Boston, Mass: Vantage Partners, 2001.

[50] Rigsbee Ed. Communicate Value Effectively [J]. Business Forms, Labels & Systems, 2005, 43 (11): 14.

[51] Rice R E. Task Analyzability, Use of New Media, and Effectiveness: A Multi-Site Exploration of Media Richness [J]. Organization Science, 1992, 3 (4): 475 - 500.

[52] Inkpen A. Creating Knowledge through Collaboration [J]. California Management Review, 1996, 39 (1): 123 - 140.

[53] Narus J A, Anderson J C. Distributor Contributions to Partnerships with Manufactures [J]. Business Horizons, 1987, 30 (5): 34 - 42.

[54] 苏文清．基于企业网络理论的企业间商业友谊、信任、沟通和关系稳定性实证研究 [D]. 西安：西安交通大学，2008.

[55] Goodman L E, Dion P A. The Determinants of Commitment in the Distributor-Manufacturer Relationship [J]. Industrial Marketing Management, 2001, 30 (3): 287 - 300.

[56] Mohr J J, Sohi R S. Communication Flows in Distribution Channels: Impact on Assessments of Communication Quality and Satisfaction [J]. Journal of Retailing, 1995, 71 (4): 393 -416.

[57] Williamson O E. The Economic Institutions of Capitalism [M]. New York: Free Press, 1985.

[58] Parkhe A. Understanding Trust in International Alliance [J]. Journal of World Business, 1998, 33 (3): 219 -240.

[59] Smith J B, Barclay D W. The Effects of Organizational Differences and Trust on the Effectiveness of Selling Partner Relationships [J]. Journal of Marketing, 1997, 61 (1): 3 -21.

[60] Bleeke J, Ernst D. Collaborating to Compete [M]. New York: John Wiley & Sons, 1993.

[61] 李东红，李蕾. 组织间信任理论研究回顾与展望 [J]. 经济管理，2009，31 (4): 173 -177.

[62] Oxley J E. Appropriability Hazards and Governance in Strategic Alliances: A Transaction Cost Approach [J]. Journal of Law, Economics, and Organization, 1997, 13 (2): 387 -409.

[63] Moore K R. Trust and Relationship Commitment in Logistics Alliances: A Buyer Perspective [J]. Journal of Supply Chain Management. 1998, 34 (1): 24 -37.

[64] Madhok A. Revisiting Multinational Firm's Tolerance for Joint Ventures [J]. Journal of International Business Studies, 1995, 26 (1): 117 -137.

[65] Liu S S, Ngo H, Hon A H Y. Coercive Strategy in Interfirm Cooperation: Mediating Roles of Interpersonal and Interorganizational Trust [J]. Journal of Business Research, 2006, 59 (4): 466 -474.

[66] Doz Y L. The Evolution of Cooperation in Strategic Alliances: Initial Conditions or Learning Processes [J]. Strategic Management Journal, 1996, 17 (Special Issue): 55 -83.

[67] Kumar N. The Power of Trust in Manufacturer-Retailer Relationships [J]. Harvard Business Review, 1996, 74 (6): 92 -106.

[68] Poppo L, Zenger T. Do Formal Contracts and Relational Governance Function as Substitutes or Complements [J]. Strategic Management Journal, 2002, 23 (8): 707 -725.

[69] Glazer R. Marketing in an Information-Intensive Environment: Strategic Implications of Knowledge as an Asset [J]. Journal of Marketing, 1991, 55 (4): 1 – 19.

[70] Afuah A. Redefining Firm Boundaries in the Face of the Internet: Are Firms Really Shringing [J]. Academy of Management Review, 2003, 28 (1): 34 – 53.

[71] Hitt L M. Information Technology and Firm Boundaries: Evidence from Panel Data [J]. Information Systems Research, 1999, 10 (2): 134 – 149.

[72] Bensaou M. Interorganizational Cooperation: The Role of Information Technology an Empirical Comparison of US and Japanese Supplier Relations [J]. Information Systems Research, 1997, 8 (2): 107 – 124.

[73] Gulati R, Singh H. The Architecture of Cooperation: Management Coordination Costs and Appropriation Concerns in Strategic Alliances [J]. Administrative Science Quarterly, 1998, 43 (4): 781 – 814.

[74] Porter M, Millar V E. How Information Gives You Competitive Advantage [J]. Harvard Business Review, 1985, 63 (4): 149 – 160.

[75] Rayport J F, Sviokla J J. Exploiting the Virtual Value Chain [J]. Harvard Business Review, 1995, 73 (6): 75 – 85.

[76] Rivard S, Raymond L, Verreault D. Resource-Based View and Competitive Strategy: An Integrated Model of the Contribution of Information Technology to Firm Performance [J]. Journal of Strategic Information Systems, 2006, 15 (1): 29 – 50.

[77] Mata F J, Fuerst W L, Barney J B. Information Technology and Sustained Competitive Advantage: A Resource-Based Analysis [J]. MIS Quarterly, 1995, 19 (4): 487 – 505.

[78] Ray G, Muhanna W A, Barney J B. Information Technology and the Performance of the Customer Service Process: A Resource-basedAnalysis [J]. MIS Quarterly, 2005, 29 (4): 625 – 651.

[79] Nishiguchi T. Strategic Industrial Sourcing [M]. New York: Oxford University Press, 1994.

[80] 李随成，杨功庆. IT 能力及信息共享对企业间研发合作的影响研究 [J]. 科研管理，2008，29 (4): 55 – 63.

[81] Day G S, Glazer R. Harnessing the Marketing Information Revolution: Toward

the Market-Driven Learning Organization [C]. Blattberg RC, Little JDC (eds.). The Marketing Information Revolution. Boston, MA: Harvard Business School Press, 1994: 270 – 288.

[82] Henriott L. Transforming Supply Chains into E-Chains [J]. Supply Chain Management Review, 1999, Global Supplement: 15 – 18.

[83] Mariotti J L. The Trust Factor in Supply Chain Management [J]. Supply Chain Management Review, 1999, Global Supplement: 70 – 77.

[84] 李霆, 张朋柱. 基于信息技术的组织沟通与媒介选择研究 [J]. 南开管理评论, 2002, 5 (6): 76 – 80.

[85] Sanders N R, Premus R. Modeling the Relationship Between Firm IT Capability, Collaboration, and Performance [J]. Journal of Business Logistics, 2005, 26 (1): 1 – 23.

[86] Weill P, Subramani M, Broadbent M. Building IT Infrastructure for Strategic Agility [J]. Sloan Management Review, 2002, 44 (1): 57 – 65.